Vladimir Egiševič Chodžabekjan

Bevölkerungswachstum und Arbeitskräfteressourcen

Akademie-Verlag · Berlin

In den Forschungsberichten des Zentralinstitutes für Wirtschaftswissenschaften werden die jeweils neuesten Arbeitsergebnisse zu aktuellen Problemen der politischen Ökonomie des Sozialismus sowie zur Auseinandersetzung mit der heutigen bürgerlichen Ökonomie veröffentlicht. Die Forschungsberichte sollen nicht nur über neue Forschungen informieren; sie sollen vor allem zur Diskussion über die zielgerichtete Fortführung der Arbeiten anregen.

Der Herausgeber

Bevölkerungswachstum und Arbeitskräfteressourcen

Forschungsberichte

Herausgegeben vom Zentralinstitut
für Wirtschaftswissenschaften
der Akademie der Wissenschaften der DDR,
Direktor Prof. Dr. habil. Wolfgang Heinrichs

Nr. 39

Vladimir Egiševič Chodžabekjan

Bevölkerungswachstum und Arbeitskräfteressourcen in der Armenischen SSR

AKADEMIE-VERLAG · BERLIN 1983

Wissenschaftliche Bearbeitung:
Dipl. oec. Carola Schmidt

Erschienen im Akademie-Verlag, DDR-1086 Berlin, Leipziger Str. 3—4

Lizenznummer: 202 · 100/35/83
Umschlag: Rolf Kunze
Gesamtherstellung: VEB Druckerei „Thomas Müntzer",
DDR-5820 Bad Langensalza
Bestellnummer: 754 222 9 (2163/39) · LSV 0345
Printed in GDR
DDR 6,— M

Inhaltsverzeichnis

Einleitung

Auf der Grundlage des auf dem XXIV. und XXV. Parteitag beschlossenen Kurses legte der XXVI. Parteitag der KPdSU die Wirtschaftsstrategie der Partei für die Übergangsperiode von der entwickelten sozialistischen Gesellschaft in die kommunistische fest und bestätigte die "Hauptrichtungen der ökonomischen und sozialen Entwicklung der UdSSR für 1981 bis 1985 und für den Zeitraum bis 1990". Der Parteitag hob die wechselseitigen Verflechtungen und Bedingungen zwischen den Strukturveränderungen in der Volkswirtschaft hervor, die sich ergeben aus dem wissenschaftlich-technischen Fortschritt und seiner dynamischen Entwicklung, aus der Erhöhung der Effektivität der gesellschaftlichen Produktion, dem Leistungsanstieg und den sozialökonomischen Aufgaben, vor denen das Land steht. "Als Hauptaufgabe des elften Fünfjahrplans nennt die Partei die Gewährleistung des weiteren Wachstums des Lebensniveaus der Sowjetmenschen auf der Grundlage einer stabilen und dynamischen Entwicklung der Volkswirtschaft, der Beschleunigung des wissenschaftlich-technischen Fortschritts, der Überleitung der Wirtschaft auf einen intensiven Entwicklungsweg, der rationelleren Nutzung des Produktionspotentials des Landes, des sparsamsten Umgangs mit allen Ressourcen sowie der Verbesserung der Qualität der Arbeit."[1]

Der XI. Fünfjahrplan ist ein Schritt vorwärts zur weiteren Erhöhung der materiell-technischen Basis des Kommunismus und der Vervielfachung des Wirtschaftspotentials des Landes. Die UdSSR verfügt über riesige Nationalreichtümer von über 2,5 Billionen Rubel (Wald und Boden nicht mitgerechnet). 1979 betrug das Gesellschaftliche Gesamtprodukt 1028,1 Mrd. Rubel (effektive Preise). Heute stellt die UdSSR mehr Industriewaren als die ganze Welt im Jahre 1950 her. Im Vergleich zum IX. Fünfjahrplan stieg das Nationaleinkommen im X. Fünfjahrplan um 400 Mrd. Rubel und die Industrieproduktion um 717 Mrd. Rubel. Vier Fünftel des Nationaleinkommens wurden unmittelbar für den Bedarf der Bevölkerung, für den Wohnungsbau, für das Sozialwesen und für die Kultur genutzt. Das Pro-Kopf-Realeinkommen stieg um 18 %. Der durchschnittliche Arbeitslohn der Arbeiter und Angestellten erhöhte sich um fast 16 % und der von Kolchosbauern um 26 %. Der gesellschaftliche Konsumtionsfonds betrug in den fünf Jahren 527 Mrd. Rubel. Die Pro-Kopf-Zahlungen und Vergünstigungen aus diesem Fonds stiegen im Jahre 1980 auf 438 Rubel.

Im XI. Fünfjahrplan sind folgende Steigerungsraten vorgesehen:

- Nationaleinkommen um 18 bis 20 %,
- gesellschaftliche Arbeitsproduktivität um 17 bis 20 %,
- Arbeitsproduktivität in der Industrie um 23 bis 25 %,
- Industrieproduktion um 26 bis 28 %,
  darunter Gebrauchsgüter um 27 bis 29 %.

In der Landwirtschaft sollen die durchschnittliche Jahresproduktion um 12 bis 14 % und die Arbeitsproduktivität um 22 bis 24 % durch Erhöhung ihres Mechanisierungsgrades, durch Weiterentwicklung von Agrar-Industrie-Komplexen sowie durch ihre allgemeine intensive Entwicklung zunehmen.

Ausgehend vom umfangreichen Potential des Landes fand es die Partei notwendig, ein Lebensmittelprogramm und ein Entwicklungsprogramm für die Herstellung von Massenbedarfsgütern auszuarbeiten. Das Hauptziel dieser Programme besteht in der Verbesserung der Versorgung der Bevölkerung mit wertvollen landwirtschaftlichen Gütern und verschiedenen Industriewaren. Deshalb ist ein schnelleres Wachstumstempo der Produktion der Abteilung II der gesellschaftlichen Produktion im Vergleich zur Abteilung I vorgesehen.

In die "Hauptrichtungen" werden die nächsten Aufgaben des Landes langfristig eingebunden. Aus diesem Grund forderte der Parteitag die Erhöhung des wissenschaftlichen Niveaus der Prognostizierung, die die Hauptgesetzmäßigkeiten der sozialökonomischen Entwicklung des Landes bestimmt. Darin nehmen demographische Prognosen, wissenschaftlich begründete Vorausberechnungen der Bevölkerung und des gesellschaftlichen Arbeitsvermögens einen bestimmenden Platz ein.

Die Vorausberechnung der Bevölkerungsanzahl, ihres Arbeitsvermögens sowie ihres geschlechts- und altersmäßigen Aufbaus ermöglicht es, einige grundlegende Probleme der Volkswirtschaftsplanung zu lösen. Sie hat für die Gewährleistung der Vollbeschäftigung und des rationellen Einsatzes der Arbeitskräfte in der gesellschaftlichen Produktion erstrangige Bedeutung und hängt unmittelbar mit der Prognostizierung solcher volkswirtschaftlichen Proportionen zusammen, wie den Verhältnissen zwischen der Entwicklung des materiellen und nichtmateriellen Bereiches der Volkswirtschaft, zwischen dem Entwicklungstempo beider Abteilungen der gesellschaftlichen Produktion, zwischen Akkumulation und Konsumtion, zwischen dem Wachstumstempo der gesellschaftlichen Arbeitsproduktivität und dem Nationaleinkommen. Von dieser Vorausberechnung hängen u.a. die Entscheidung für die Richtung von Investitionen und die rationelle Verteilung der Produktivkräfte ab.

Der XXVI. Parteitag der KPdSU betrachtet die rationelle Nutzung des Arbeitsvermögens als eine der wichtigsten Voraussetzungen zur Erhöhung der Effektivität der gesellschaftlichen Produktion und für die erfolgreiche Lösung sozialökonomischer Aufgaben. Daher ist es notwendig, die rationelle Nutzung von materiellen, Arbeits- und Finanzressourcen als wichtigste Voraussetzung für die Verbesserung der Proportionalität der Entwicklung der Volkswirtschaft und für die Schaffung der erforderlichen Reserven zu sichern.[2]

Im Maßstab der gesamten UdSSR verschärfte sich das Problem des gesellschaftlichen Arbeitsvermögens. Jeder Wirtschaftsbezirk des Landes ist durch bestimmte Kennziffern der Reproduktion des Arbeitsvermögens als Folge der historischen Entwicklung seiner Bevölkerung gekennzeichnet. Ausgehend davon wurde auf dem XXVI. Parteitag der Verteilung von arbeitsintensiven Industriezweigen in Unionsrepubliken und Wirtschaftsbezirken mit günstiger Arbeitskräftebilanz große Beachtung geschenkt.

Zu einem solchen Wirtschaftsbezirk gehört auch die Armenische SSR. Neben den für alle Unionsrepubliken allgemeinen und grundlegenden Gesetzmäßigkeiten weist sie folgende spezifische Besonderheiten auf:

- höherer Bevölkerungszuwachs im Vergleich zur Allunions-Durchschnittskennziffer (von 1959 bis 1979 betrug das jährliche Durchschnittstempo des Bevölkerungszuwachses in der UdSSR 26,7 %, in der Armenischen SSR aber 74,4 %);
- Erhöhung des Anteils junger Arbeitskräfte (21 bis 30 Jahre) an der Bevölkerung im arbeitsfähigen Alter;
- Verteilung von Arbeitskräfteressourcen unter Berücksichtigung der Spezifik der Volkswirtschaft der Republik, insbesondere der Zweigstruktur ihrer Industrie;
- geringste Möglichkeiten zur Erweiterung der nutzbaren Bodenfläche;
- eine große und ständig wachsende Bevölkerungsdichte, ungenü-

- gendes Potential an Wasser- und Energieressourcen sowie an seltenen Rohstoffarten;
- positiver Saldo der Migration zwischen den Republiken u.a.m.

Die relativ schnelle Zunahme der Bevölkerungszahl in der Armenischen SSR, die gegenwärtig unter den Bedingungen des wissenschaftlich-technischen Fortschritts erfolgt, bestimmt den hohen Grad der Versorgung der Republik mit Arbeitskräfteressourcen im laufenden Fünfjahrplan. Das wird zu einem der entscheidendsten Faktoren bei der Auswahl der Richtungen ihrer wirtschaftlichen Entwicklung. Unter diesen Verhältnissen erlangen die Klärung der Entwicklungstendenzen der Bevölkerung und Bewegungstendenzen der Arbeitskräfte, ihrer Mobilität und in diesem Zusammenhang auch die Erforschung der Fragen der Vervollkommnung der Zweigstruktur der gesellschaftlichen Produktion, die rationelle Verteilung des Arbeitsvermögens auf die Volkswirtschaftszweige sowie ihre Umverteilung entsprechend dem wissenschaftlich-technischen Fortschritt große Bedeutung. Dadurch wird die Verbindung von Vollbeschäftigung und Erhöhung der Effektivität der Nutzung des Arbeitsvermögens noch aktueller. Immer wesentlicher werden daher die Berufsausbildung sowie die aus dem wissenschaftlich-technischen Fortschritt erwachsenen Maßnahmen zur Qualifizierung und Umqualifizierung der Beschäftigten.

Um die zukünftige Bevölkerungsentwicklung und ihr Arbeitsvermögen einschätzen zu können, sind sowohl ihre qualitativen Einflußfaktoren zu analysieren als auch vor allem demographische Probleme zu erörtern.

1. Sozialökonomische Einschätzung der demographischen Veränderungen und Entwicklungstendenzen der Bevölkerung

Bei der Bestimmung des zukünftigen Reproduktionstempos der Bevölkerung gilt es in erster Linie, logische Entwicklungstendenzen der demographischen Prozesse und der Faktoren zu klären, unter deren Einfluß sich die Bevölkerungsanzahl quantitativ verändert. Diese Faktoren treten gleichzeitig auf, sie verflechten sich oft, und es ist nicht möglich, den Einfluß eines jeden Faktors auszugliedern. Sogar diejenigen, deren Wirkungsgrad sich quantitativ messen läßt, wirken mitunter auch gegenläufig. So führt z.B. das hohe Entwicklungsniveau der Produktivkräfte einerseits zur Verbesserung der Lebensbedingungen der Bevölkerung und fördert daher deren quantitatives Wachstum als Folge einer größeren Anzahl von Eheschließungen, Abnahme von Sterbefällen und Verlängerung der durchschnittlichen Lebenserwartung. Andererseits bewirkt es ein langsameres Reproduktionstempo der Bevölkerung durch Reduzierung der Geburtenanzahl auf ein Minimum und durch Erhöhung des Anteils der Rentner. Um den Umfang der für die Bestimmung der Bevölkerungsanzahl erforderlichen Ausgangsdaten festzulegen, sind vor allem die wichtigsten Gesetzmäßigkeiten der Dynamik der Geburtenanzahl, Sterblichkeit und Migration im Prognosezeitraum zu erforschen.

1.1. Geburtenanzahl und demographische Politik

Mit der Errichtung der Sowjetmacht in Armenien im November 1920 befreite sich das armenische Volk für immer von nationaler Unterdrückung. Es begann eine Epoche der vielseitigen Entwicklung. Die von der Sowjetmacht vollzogene volkswirtschaftliche und sozialökonomische Umgestaltung schuf günstige Bedingungen für die weitere Bevölkerungszunahme. Während die Bevölkerung der Republik im Jahre 1920 720 000 Personen betrug, zählte sie 1981 über 3,12 Mio Personen, d.h., sie vergrößerte sich auf das 4,3-fache.

Das schnelle Tempo des natürlichen Bevölkerungszuwachses in der Armenischen SSR war durch eine hohe Geburtenzahl, die besonders ab Anfang der vierziger Jahre auftrat, und durch systematische Senkung der Sterblichkeit seit den dreißiger Jahren bedingt. 1940 übertraf die Armenische SSR die durchschnittliche Allunions-

Kennziffer im natürlichen Bevölkerungszuwachs um 14,2 je 1000 Personen, Usbekistan dagegen, das den zweiten Platz bei dieser Kennziffer einnahm, um 6,8 Personen. Nicht zu unterschätzen waren dabei auch die Traditionen der kinderreichen Familien, frühe Eheschließung sowie der hohe Anteil von Frauen im Fruchtbarkeitsalter. Eine nicht unbedeutende Rolle spielte dabei auch der positive Wanderungssaldo.

In der Nachkriegsperiode blieb die Geburtenanzahl in der Armenischen SSR immer noch hoch, obwohl sie 1950 auf 32,1 je 1000 gegenüber 41,2 je 1000 im Jahre 1940 sank. 1960 erreichte sie 40,1 je 1000, von Mitte der sechziger bis Anfang der siebziger Jahre konnte eine allmähliche Senkung der Geburtenanzahl beobachtet werden und seit den siebziger Jahren trat wieder eine steigende Tendenz auf (vgl. Tabelle 1).

Tabelle 1

Geburtenanzahl, Sterblichkeit und natürlicher Bevölkerungszuwachs (je 1000 Personen)

Jahr	Anzahl der Geborenen	Anzahl der Gestorbenen	Natürlicher Bevölkerungszuwachs	Anzahl der verstorbenen Kinder im Alter bis zu einem Jahr auf 1000 lebendgeborene
1913	46,3	23,9	22,4	204
1926	54,2	17,3	36,9	...
1940	41,2	13,8	27,4	119
1950	32,1	8,5	23,6	69
1960	40,1	6,8	33,3	50
1970	22,1	5,1	17,0	25
1975	22,4	5,5	16,9	...
1979	22,9	5,6	17,3	...

Obwohl die Geburtenanzahl im Laufe des letzten Jahrzehnts auch in der Armenischen SSR beträchtlich gesunken ist, bleibt sie trotzdem viel höher als der Allunions-Durchschnittswert, wobei sie nur von den Mittelasiatischen Sowjetrepubliken, der Kasachischen SSR und der Aserbaidshanischen SSR übertroffen wird.

Die UdSSR weist gegenwärtig bestimmte Unterschiede in der Geburtenanzahl in einigen Wirtschaftsbezirken und bei einigen Nationalitäten auf. Das ist auf historische und sozialökonomische Bedingungen, demographische Gesetzmäßigkeiten der Bevölkerung des jeweiligen Wirtschaftsbezirks sowie auf nationale Besonderheiten zurückzuführen.

Die Entwicklung der Produktivkräfte in der UdSSR ist darauf gerichtet, sowohl deren Entwicklungsniveau als auch weitere Unterschiede zwischen den Unionsrepubliken auszugleichen. Das führt gleichzeitig zur Annäherung des Bildungsniveaus der Bevölkerung verschiedener Republiken und der Lebensbedingungen in Stadt und Land, zur Festigung der Freundschaft zwischen den Völkern und Völkerschaften und zur gegenseitigen Bereicherung ihrer Kulturen und ihrer guten Traditionen. Die Produktivkräfte und sozialökonomischen Bedingungen ändern sich relativ schnell, während die nationalen Traditionen durch größeren Konservatismus gekennzeichnet sind. Ungeachtet dessen vermögen die Traditionen nicht den Einfluß der Entwicklung der Produktivkräfte auf die Geburtenanzahl zu neutralisieren. Die allgemeine Tendenz jedoch besteht darin, daß mit der Entwicklung der Produktivkräfte der Einfluß der nationalen Traditionen auf die Geburtenanzahl immer geringer wird.

Bestätigt wird das auch durch die Tatsache, daß in den Republiken mit etwa gleichem Entwicklungsniveau der Produktivkräfte fast keine Unterschiede in der Geburtenanzahl zu beobachten sind. In der Perspektive wird eine solche Nivellierung für alle Nationen und Völkerschaften der UdSSR kennzeichnend sein. Somit wird die Gemeinsamkeit von sozialökonomischen Bedingungen zwangsläufig zur Annäherung der Kennziffer der Geburtenanzahl und zur Bildung eines gemeinsamen Niveaus führen.

Unter den gegenwärtigen gesellschaftlichen Bedingungen wirken folgende Faktoren auf die Geburtenanzahl: das hohe Niveau der Allgemeinbildung und die Berufsausbildung der Jugendlichen; stetiges Anwachsen des Frauenbeschäftigungsgrades in der Volkswirtschaft; Erhöhung des Urbanisierungsgrades und des Anteils der städtischen Bevölkerung; umfassende Verbesserung der Lebensverhältnisse der Bevölkerung; Erhöhung ihres kulturellen Bildungsniveaus. Eine nicht geringe Rolle spielen auch die Verbesserung der ärztlichen Betreuung, Senkung der Säuglingssterblichkeit, Möglichkeiten zur Regulierung der Familiengröße, die Beteiligung der Frau an der Bildung des Familienbudgets, zielbewußte Erziehung der Kinder, die Betreuung, Pflege der Kinder in der Familie und andere Faktoren. Das Niveau der erforderlichen Kenntnisse erhöht sich bei Aufnahme einer Berufstätigkeit je nach Entwicklung der Produktivkräfte ständig. Einerseits erfordert der technische Fortschritt objektiv umfangreichere Kenntnisse und ein höheres Bildungsniveau der Jugend, andererseits bewirkt er eine ständige Qualifizierung und Erhöhung des kulturellen und geistigen Niveaus der Beschäftigten.

Der Zeitaufwand für die Berufsausbildung sowie die Erhöhung des Beschäftigungsgrades der Frauen führten dazu, daß gegenwärtig die Frauen später eine Ehe schließen und demzufolge auch später Kinder gebären. Eine frühe Eheschließung bedingt in der Regel eine erhöhte Geburtenanzahl, während sich durch zunehmende Aktivität der Frauen in der gesellschaftlichen Produktion und durch die Notwendigkeit ihrer Ausbildung die Kinderanzahl im Endergebnis reduziert.

Ausgewertete Angaben vom letzten Jahrzehnt zeigen, daß der Beschäftigungsgrad von Frauen in der Volkswirtschaft der Armenischen SSR mit höherem Tempo wächst als der der Männer. Verhältnismäßig hoch ist außerdem der Anteil von Frauen mit Hochschul- und mittlerer Fachschulausbildung in der Volkswirtschaft, der noch weiter steigen wird.[3]

Mit der gesellschaftlichen Entwicklung wird im Zeitbudget der Werktätigen die Arbeitszeit reduziert und die arbeitsfreie Zeit erhöht. Die Reduzierung der Arbeitszeit zieht dabei eine relative Erhöhung der erforderlichen Zeit für Aus- und Weiterbildung der Arbeitskräfte nach sich (Übergang zur allgemeinen Mittelschulbildung, relative Erhöhung der Anzahl von Arbeitern und Verlängerung ihrer Ausbildungsdauer in berufstechnischen Schulen, Anwachsen der Schülerzahl in mittleren Fachschulen, der Anzahl von Studenten und Aspiranten,[4] Umschulungen und Qualifizierung im Betrieb u.a.). Darüber hinaus erhöht sich das durchschnittlich normale gesellschaftliche Niveau der Arbeitsintensität.

Der wissenschaftlich-technische Fortschritt führt zu einem bestimmten Widerspruch zwischen dem Zeitbudget für die Befriedigung der ständig wachsenden verschiedenen materiellen und kulturellen Bedürfnisse der Frauen und ihrer Ausbildungszeit für den Eintritt in den Arbeitsprozeß, für Qualifizierung und Umqualifizierung[5] und dem unveränderlichen stabilen Zeitbudget. Das Ergebnis dieses Widerspruchs ist die Reduzierung der Kinderanzahl in der Familie. Laut Angaben der Volkszählung 1979 haben Frauen mit

Hoch- und Fachschulbildung die geringste Kinderanzahl (berechnet je 1000 Frauen). Es zeigte sich, daß mit abnehmendem Qualifikationsniveau der Frauen sich die Geburtenanzahl erhöht.

Gleichzeitig wirken auf die Verringerung der Kinderanzahl in der Familie solche sozialökonomischen Faktoren, wie Urbanisierung, Regulierung der Kinderanzahl innerhalb der Familie, Verbesserung der ärztlichen Betreuung und der Lebensbedingungen, was mit der Entwicklung der Produktivkräfte und demzufolge mit der Umwandlung der sozialökonomischen Bedingungen der Bevölkerung unmittelbar verbunden ist. Die ständige Verbesserung der ärztlichen, Lebens- und sonstigen sozialen Bedingungen führt dazu, daß der Anteil der verstorbenen Kinder und der Personen im arbeitsfähigen Alter an der Gesamtzahl der Gestorbenen sinkt. Darum besteht ein bestimmter Zusammenhang zwischen der Verringerung der Sterblichkeit und der Geburtenabnahme. Die geringere Säuglingssterblichkeit gilt ebenfalls als Voraussetzung für die Stabilisierung und bewußte Regulierung der Familiengröße.[6]

Auf die Durchschnittsanzahl der Kinder in der Familie üben die soziale Umwelt und die Beschäftigungsart der Frauen einen entscheidenden Einfluß aus. Frauen mit höherem Bildungsniveau haben in ländlichen Gegenden durchschnittlich mehr Kinder als in Städten. Inzwischen hat die auf dem Lande lebende Frau durchschnittlich ein Kind mehr als die in der Stadt wohnende. In der Armenischen SSR betrug 1979 die durchschnittliche Familiengröße der Stadtbevölkerung 4,5 Personen gegenüber der der Landbevölkerung von 5,2 Personen. Diese Kennziffer ist in Großstädten noch viel niedriger.

Ein anderer Faktor, der auf die Reduzierung der Fruchtbarkeitsziffer wirkt, ist die ständige Erhöhung des Anteils der städtischen Bevölkerung. Stadt und Land unterscheiden sich voneinander durch den Charakter und die Kompliziertheit der Produktion. Die Ausbildung von Arbeitern und Kolchosbauern für die Landwirtschaft erfordert weniger Zeit als die Ausbildung eines Industriearbeiters. Deshalb kann in ländlicher Gegend eine Frau, die nach einer Arbeitsunterbrechung ihre Tätigkeit wieder aufnimmt, kurzfristig ihre Qualifikation wieder herstellen. Unter den städtischen Bedingungen ist das mit gewissen Schwierigkeiten verbunden.

In der Stadt ist die Erhöhung der Familiengröße unmittelbar vom Familienbudget abhängig. Hier wirkt die Geburt eines jeden

Kindes auf das Pro-Kopf-Einkommen der Familie. In einer ländlichen Gegend aber hat dieser Faktor auf die Höhe des Pro-Kopf-Einkommens einen unbedeutenden Einfluß. Das Familienbudget eines Stadtbewohners wird vor allem durch die Wirkung der zeitlich begrenzten Unterbrechung der Tätigkeit der Frau in der gesellschaftlichen Produktion auf die Bildung des Familieneinkommens beeinflußt. Außerdem besteht in der Stadt die Möglichkeit, die Geburtenanzahl gewissermaßen zu regulieren, was bei einem Teil der Landbevölkerung erschwert ist.

Die statistischen Angaben besagen, daß die Gesamtgeburtenziffer in ländlichen Gegenden gegenwärtig rascher sinkt als in Städten, was vor allem auf Veränderungen der Altersstruktur der Landbevölkerung, des Charakters der Arbeit und des Beschäftigungsgrades in der Landwirtschaft sowie sozialökonomischer Bedingungen beruht.

In jedem Zeitraum ist das Tempo der Bevölkerungsreproduktion bedeutend durch den Anteil der weiblichen Bevölkerung im gebärfähigen Alter sowie durch das Verhältnis zwischen den verschiedenen Altersgruppen bedingt. Unter dem Einfluß der Veränderungen der Altersstruktur der Bevölkerung bildet sich die Gesamtgeburtenziffer heraus, die Ergebnis von rein demographischen Faktoren ist. Da jede Altersgruppe von Frauen im gebärfähigen Alter durch die ihr eigenen besonderen Geburtenziffern gekennzeichnet wird, führt die Veränderung der Struktur der Frauen im gebärfähigen Alter, bezogen sowohl auf die Zusammensetzung der gesamten weiblichen Bevölkerung als auch auf verschiedene Altersgruppen innerhalb des Fruchtbarkeitsalters, zur Veränderung der Gesamtgeburtenziffer selbst bei stabilem Niveau der altersspezifischen Fruchtbarkeitsziffern. Daher ändert sich die Gesamtgeburtenziffer bei Frauen im gebärfähigen Alter zyklisch.

Die im Tempo der Bevölkerungsreproduktion der Armenischen SSR seit den Nachkriegsjahren bis heute beobachteten Schwankungen sind auf Veränderungen sowohl sozialökonomischer Bedingungen als auch des Anteils von Frauen im gebärfähigen Alter in ihrer Gesamtzahl zurückzuführen. So hat sich z.B. in der Armenischen SSR seit Mitte der fünfziger Jahre bis Mitte der sechziger Jahre die Erhöhung der Anzahl der Frauen im gebärfähigen Alter, insbesondere der fruchtbarsten Altersgruppen, auf die Geburtenziffer günstig ausgewirkt. Nach Angaben der Volkszählung der Armenischen SSR im Jahre 1959 betrug beispielsweise der Anteil der Frauen im gebärfähigen Alter an der gesamten weiblichen Bevölkerung etwa 49 %, und darunter der Anteil der Frauen im Alter von 20 bis 34 Jahren etwa 60 %. Darauf ist besonders die hohe Geburtenanzahl im ersten Jahr nach der Volkszählung (1960) zurückzuführen, als in der Republik 75 000 Kinder geboren wurden. Das ist eine nie dagewesene Höhe der Geburtenanzahl in der Armenischen SSR. 1950 betrug sie dagegen etwa 43 400. Seit Mitte der sechziger Jahre begann eine Verringerung des Tempos der Geburtenanzahl. Großen Einfluß übten auf diesen Prozeß einerseits die Verringerung des Anteils der Frauen im gebärfähigen Alter an der Altersstruktur der Bevölkerung und andererseits die Veränderung des Verhältnisses zwischen verschiedenen Altersgruppen der Frauen im gebärfähigen Alter aus.

Tabelle 2

Altersspezifische Geburtenziffern für die Armenische SSR[1] (Anzahl der Geborenen auf 1000 Frauen der jeweiligen Altersgruppe)

Altersgruppe	1958-1959	1971-1972	1974-1975	1975-1976	1978-1979	Durchschnitt in der UdSSR 1978-1979
15-49	159,2	90,0	84,3	84,9	82,8	69,9
davon						
15-19	37,6	38,8	40,2	39,6	41,3	39,4
20-24	200,6	215,1	214,2	216,6	202,7	174,6
25-29	264,1	181,8	164,0	160,2	144,1	125,6
30-34	204,4	108,0	80,4	80,6	67,9	72,1
35-39	154,9	65,2	47,5	43,1	24,5	31,9
40-44	68,0	21,6	15,3	15,0	10,0	11,7
45-49	16,4	3,4	2,1	2,1	1,4	1,6

1 Vgl. Narodnaselenie stran mira, Handbuch, unter der Redaktion von Prof. B.C. Urlanisa, Moskva 1978, S. 78 und Vestnik statistiki, 11/1980, S. 76.

Seit Mitte der sechziger Jahre sank der Anteil der Bevölkerung der fruchtbarsten Altersgruppen (21 bis 29), weil dazu die in den Kriegsjahren Geborenen zählten, deren Anzahl reduziert war. Das war der Grund für die Senkung der Zahl der geschlossenen Ehen. Wenn 1950 die Anzahl der eingetragenen Eheschließungen je 1000 der Bevölkerung 14,8 und 1960 11,2 betrug, so war sie

1970 nur noch 7,3. Seit Ende der sechziger Jahre erhöhte sich die Anzahl der Eheschließungen allmählich im Zusammenhang mit dem Anstieg der in das gebärfähige Alter gekommenen Frauen. Offensichtlich wird dieser Prozeß auch weiter andauern. Die altersspezifischen Geburtenziffern nehmen zwar in der Armenischen SSR ab, jedoch übersteigen sie weitaus den Durchschnittswert der UdSSR.

Wie aus der Tabelle 2 zu ersehen ist, hat sich die spezielle Geburtenziffer in verschiedenen Altersgruppen differenziert verändert. Diese Angabe, bezogen auf Frauen im Alter von 20 bis 24 Jahren, erhöhte sich etwas in den siebziger Jahren gegenüber 1958 bis 1959. Die Geburt des ersten und zweiten Kindes in der Familie erfolgt gerade in diesem Alter. Die Frauen beginnen im fruchtbarsten Alter zu arbeiten. Das übt nicht nur auf das Alter der Eheschließung einen entscheidenden Einfluß aus, sondern auch auf die Familiengröße. Gegenwärtig schließen Frauen überwiegend im Alter von 20 bis 25 Jahren eine Ehe. Auch durch den technischen Fortschritt werden diese Grenzen nicht verändert, da es in biologischer Hinsicht das beste Alter für die Sicherung der Reproduktion der Bevölkerung ist. Die Anzahl der Mütter, die drei Kinder nacheinander geboren hatten, betrug 1979 im Vergleich zu 1970 nur noch 65 %. In den Jahren 1970 bis 1979 verringerte sich daher die durchschnittliche Familiengröße in der Armenischen SSR um 0,3 Personen.[7]

Die Eheschließung von Frauen im Alter von 20 bis 28 Jahren und die Zweckmäßigkeit der Geburt von Kindern in diesem Alter resultiert insbesondere daraus, eine gesündere Generation zu erziehen. In diesem Zusammenhang ist die Frage der Akzeleration der Neugeborenen einzuordnen, die von jeher die Aufmerksamkeit von Ärzten und Biologen und in jüngster Zeit auch von Soziologen, Demographen und Philosophen auf sich zog. Hier soll auf dieses Problem nicht näher eingegangen werden, da die Akzeleration Gegenstand einer speziellen Studie ist.

In der Armenischen SSR werden die speziellen Geburtenziffern in nächster Zukunft eine Tendenz zur Abnahme aufweisen. Diese Verringerung wird jedoch nicht alle Altersgruppen umfassen.

Unter Berücksichtigung dieser Tatsache ist es notwendig, bei der Ermittlung der jährlichen Geburtenziffern für die Perspektive an jede Kennziffer sehr differenziert heranzugehen. Veränderungen in den sozialökonomischen Bedingungen beeinflussen vorwiegend die erste und letzte Altersgruppe gebärfähiger Frauen.

Die Entwicklung der Produktivkräfte und Veränderung der sozialökonomischen Bedingungen werden zur Erhöhung der durchschnittlichen Lebenserwartung sowie des Anteils von Erwachsenen in der Bevölkerungsstruktur führen. Im Ergebnis wird sich der Anteil der Bevölkerung im gebärfähigen Alter verringern. Deshalb werden die allgemeinen und speziellen Geburtenziffern sinken.

In der Armenischen SSR kann dieser Prozeß nach 1990 eintreten. Dazu werden in bedeutendem Maße die in der Zeit von 1964 bis 1975 Geborenen beitragen. Allerdings war in diesen Jahren die Geburtenfrequenz verhältnismäßig niedrig. Das bedeutet, daß sich die Verringerung des Anteils von Männern und Frauen im Fruchtbarkeitsalter auf die Geburtenanzahl in den neunziger Jahren negativ auswirken wird. So wird z.B. der Anteil der Frauen im Alter von 20 bis 24 Jahren bis Mitte der achtziger Jahre steigen, dann stark sinken, und der Anteil der Frauen im Alter von 25 bis 29 Jahren wird bis 1990 steigen, dann sinken. Der Anteil der Frauen mit einer niedrigeren Fruchtbarkeit an der Gesamtzahl der Frauen wird ab Mitte der achtziger Jahre steigen. Ab 1985 wird z.B. der Anteil der Frauen im Alter von 30 bis 39 Jahren und ab Anfang der neunziger Jahre der Anteil der Frauen im Alter von 15 bis 19 und 40 bis 49 Jahren stark steigen. Somit wird sich die Gesamtgeburtenziffer der Bevölkerung der Armenischen SSR, d.h. auch die absolute Zahl der Geborenen bis zur Mitte der neunziger Jahre, erhöhen, einige Jahre ein stabiles Niveau halten, dann aber abnehmen.

Die Höhe der Geburtenrate in der nächsten Zukunft wird auch durch die Politik der UdSSR bestimmt. Die Kommunistische Partei der Sowjetunion legt der sozialen Entwicklung und Erhöhung des Lebensniveaus des Volkes besondere Bedeutung bei, was durch Erhöhung des Lohnes und des Realeinkommens der Bevölkerung sowie durch gesellschaftliche Konsumtionsfonds erreicht wird. So sollen z.B. die gesellschaftlichen Konsumtionsfonds 1985 138 Mrd. Rubel betragen, d.h. etwa 2000 Rubel im Durchschnitt je Familie mit vier Personen.[8]

Die demographische Politik des sozialistischen Staates, die ihren Ausdruck in den Maßnahmen zur Verbesserung der materiellen, kulturellen und sozialen Bedingungen der Bevölkerung zur Erhöhung des Niveaus der ärztlichen Betreuung zur allmählichen Aufhebung der wesentlichen Unterschiede zwischen Stadt und Land, zur materiellen Hilfeleistung für große Familien usw., fand, trug zur Verlangsamung des sich verringernden Tempos des natürlichen Wachstums der Bevölkerung hauptsächlich durch Reduzierung der Säuglingssterblichkeit und Erhöhung der durchschnittlichen Lebenserwartung bei. In der gegenwärtigen Etappe der Entwicklung der Armenischen SSR erlangt die demographische Politik einen neuen Inhalt, verbunden mit der Erhöhung der Effektivität des Beschäftigungsgrades von Frauen und der Notwendigkeit, ihre gesellschaftliche und berufliche Tätigkeit mit ihren mütterlichen Pflichten zu vereinigen, die Kindererziehung durch die Gesellschaft zu verbessern und die Steuervergünstigungen für Frauen zu erweitern. Deshalb beschloß der XXVI. Parteitag der KPdSU: Die Durchführung einer effektiven demographischen Politik, die Förderung der Familie als der wichtigsten Zelle der sozialistischen Gesellschaft, die Schaffung von besseren Voraussetzungen für die Verbindung der Mutterschaft mit aktiver Teilnahme der Frauen am beruflichen und gesellschaftlichen Leben.[9]

Im Sozialismus wird die Arbeit der Frauen im allgemeinen und ihre unentbehrliche Arbeit zur Pflege und Erziehung der Kinder insbesondere hochgeschätzt. Die Frau stellt nicht nur materielle Güter her, sondern ist auch Mutter. Sie gibt der Gesellschaft ein neues Mitglied, einen neuen Menschen. Aus diesem Grunde wird in den Beschlüssen des XXVI. Parteitages der KPdSU vorgesehen, die staatliche Unterstützung für kinderreiche Familien und junge Ehepaare zu erhöhen, Vorzüge und Vergünstigungen für diese Familien zu erweitern, zur Verbesserung ihrer Wohn- und Lebensbedingungen beizutragen, das System der staatlichen Leistungen für Kinder zu vervollkommnen, die Ernährung und Betreuung der Kinder in den Vorschuleinrichtungen, Internatsschulen und Waisenhäusern zu verbessern, die Einführung der kostenlosen Bereitstellung von Lehrbüchern für Schüler der allgemeinbildenden Schulen abzuschließen.[10] Die weitere Verbesserung der Arbeits- und Lebensbedingungen der werktätigen Frauen ist zu gewährleisten. Ab 1981 ist für werktätige Frauen bezirksmäßig ein teilweise bezahlter Urlaub für die Pflege des Kindes bis zur Vollendung seines ersten Lebensjahres einzuführen, der zukünftig auf anderthalb Jahre verlängert wird. "Es ist vorgesehen, einmalige staatliche Geburtenbeihilfen in Höhe von 50 Rubel für das erste Kind sowie je 100 Rubel für das zweite und dritte Kind einzuführen ... Für alleinstehende Mütter soll 1981 das monatliche Kindergeld heraufgesetzt werden."[11]

Die Durchsetzung dieser Maßnahmen in der Praxis wird die Optimierung des Prozesses der Bevölkerungsreproduktion fördern und die Rolle der Gesellschaft für Unterhalt und Erziehung der Kinder verstärken. So wird die Gewährleistung des teilweise bezahlten verlängerten Wochenurlaubs dazu beitragen, eine größere Anzahl von über einjährigen Kindern in Krippen unterzubringen sowie die Zahl der Kindergartenplätze zu erhöhen, um reale Möglichkeiten für die Förderung der gesellschaftlichen und Arbeitsaktivität der Mütter zu schaffen.

In den Beschlüssen des XXVI. Parteitages der KPdSU ist festgelegt: Die weitere Entwicklung und Verbesserung der Arbeit der Kindergärten und Krippen, Ganztagsschulen, Pionierlager und anderer Kindereinrichtungen, der Bau von Vorschuleinrichtungen für mindestens 2,5 Mio Plätze im XI. Fünfjahrplan, die Schüleranzahl der Ganztagsschulen im Jahre 1985 auf 13,5 bis 14 Mio zu erhöhen, die Arbeit in Pionierpalästen und -häusern sowie anderen außerschulischen Einrichtungen zu verbessern.[12]

Somit werden die Weiterentwicklung der Produktivkräfte und das ständige Wachstum der Arbeitsproduktivität dazu führen, daß die Gesellschaft immer mehr für den Unterhalt und die Pflege der Kinder sorgen muß. Das wird zur Erhöhung des Niveaus des Dienstleistungsbereichs und anderer Zweige sowie zur Reduzierung des Zeitaufwandes für den Haushalt führen. Jedoch darf der oft zu hörenden Meinung über die Zweckmäßigkeit der Gewährung eines dreijährigen bezahlten Urlaubs für Mütter u.E. nicht zugestimmt werden. Unter den Bedingungen des gegenwärtigen wissenschaftlich-technischen Fortschritts kann das Wissen der Beschäftigten, die längere Zeit nicht in der gesellschaftlichen Wirtschaft tätig sind, veralten. Die Erziehung des Nachwuchses muß vor allem durch Erweiterung der Einrichtungen des nichtproduzierenden Bereichs (besonders der Vorschul- und Schuleinrichtungen) und Verbesserung der Tätigkeit des Dienstleistungssystems und nicht durch Loslösung der Mütter von der gesellschaftlichen Produktion erfolgen. Unter den Bedingungen des entwickelten Sozialismus möchte die Frau nicht nur Hausfrau sein, sondern ihre Berufskenntnisse vertiefen, die gesellschaftlichen Beziehungen erweitern, das Familieneinkommen vergrößern, materiell unabhängig sein u.a.

In der sowjetischen demographischen Literatur wird oft über

die Anwendung einer regionalen demographischen Politik geschrieben, über deren Notwendigkeit neben der gesamtstaatlichen kein Zweifel besteht. Jedoch muß keineswegs dem oft geäußerten Standpunkt zugestimmt werden, daß allein die materielle Stimulierung der Geburtenanzahl in einzelnen Bezirken der UdSSR ausreichend wäre. Es wird die Meinung der sowjetischen Wirtschaftswissenschaftler geteilt, daß eine solche Tendenz zur Vertiefung der Unterschiede im Lebensniveau der Bevölkerung führen würde. Auch die Frage von Renten für kinderreiche Mütter erlangt neue Bedeutung.

Es ist vor allem notwendig, zwischen Beihilfen, Renten und verschiedenartigen Unterstützungen aus Mitteln der Sozialfürsorge und gesellschaftlichen Fonds konsequent zu unterscheiden, die den Werktätigen nach Erreichung eines bestimmten Alters entsprechend der Qualität und Quantität der geleisteten Arbeit gewährt werden. Eine Rente ist dem Wesen nach nichts anderes als eine entsprechende Entschädigung, die an Personen beim Erreichen eines bestimmten Alters ausgezahlt wird, für das durch ihre Mehrarbeit geschaffene Mehrprodukt bzw. für die Dienstleistungen im Laufe der Mehrarbeitszeit.

Darüber hinaus muß jedoch die Rente eine Entschädigung sein auch für allgemeinnützliche Arbeit überhaupt. Darum ist der Rentenhöhe nicht nur der Teilnahmegrad der Person an der gesellschaftlichen Wirtschaft entsprechend der Quantität und Qualität der geleisteten Arbeit, sondern auch der Teilnahmegrad an der allgemeinnützlichen Arbeit überhaupt zugrunde zu legen. Das betrifft die Gesellschaftsmitglieder, die ihre Arbeit in der gesellschaftlichen Produktion mit derjenigen im Haushalt vereinigen oder nur im Haushalt beschäftigt sind. Außerdem sollte die minimale und maximale Rentenhöhe veränderlich sein. In jedem konkreten Zeitraum wird ihre Höhe durch das Niveau der Arbeitsproduktivität der jeweiligen Periode bestimmt. Die Personen, die mehr Kinder geboren und erzogen haben, leisteten im gewissen Sinne auch eine große gesellschaftlich nützliche Arbeit, weil sie eine neue Generation von Arbeitskräfteressourcen erzogen haben. Eine Generation, die Neuwert schafft, von dem sich gesellschaftliche, darunter auch Rentenfonds, bilden. Dank der höheren Arbeitsproduktivität steigt die minimale und maximale Rentenhöhe. In diesem Zusammenhang wird die Meinung vertreten, daß eine minimale Rentenhöhe die Frauen erhalten können, die nicht ausreichend oder gar nicht an der gesellschaftlichen Produktion teilgenommen haben, während die Mütter, die neben der aktiven Teilnahme an der gesellschaftlichen Wirtschaft mehr Kinder erzogen haben, eine höhere Rente bekommen. Die Rente der Frauen jedoch, die an der gesellschaftlichen Produktion aktiv teilnahmen, aber weniger Kinder erzogen haben, sollte höher sein als für die Frauen, die sich weniger aktiv an der gesellschaftlichen Produktion beteiligt, aber mehr Kinder erzogen haben. Eine solche Fragestellung rückt die Berufstätigkeit der Frauen in den Vordergrund, ohne die mütterlichen Pflichten zu vernachlässigen.

Neben den oben erwähnten Maßnahmen wird in den Beschlüssen des XXVI. Parteitages der KPdSU vorgesehen, für Mütter mit minderjährigen Kindern die Möglichkeit für einen verkürzten Arbeitstag oder eine verkürzte Arbeitswoche nach beweglichem Zeitplan sowie Heimarbeit zu schaffen. Es sind effektive Maßnahmen zur Erleichterung der Arbeit im Haushalt zu treffen.[13] Vorgesehen ist auch, den Jahresurlaub für werktätige Frauen, die zwei und mehr Kinder im Alter bis zu 12 Jahren haben, um 3 Tage zu verlängern. In der Verfassung der UdSSR heißt es: Die Arbeitszeit der Frauen mit kleinen Kindern ist allmählich zu kürzen.[14]

In der UdSSR beeinflußt die demographische Politik die Optimierung der Reproduktion der Bevölkerung und den Bildungsprozeß von Arbeitskräfteressourcen in verschiedenen Wirtschaftsbezirken auch mittels anderer ökonomischer Hebel, durch Regulierung der Migration der Arbeitskräfte. Dabei können Unterschiede im Entwicklungsniveau und -tempo der Produktivkräfte in einzelnen Bezirken des Landes in jeder konkreten historischen Etappe zugrunde gelegt werden.

1.2. Einfluß der Sterblichkeit auf die Bevölkerungsentwicklung

Ein Grundbestandteil der Bevölkerungsvorausberechnung ist die Sterblichkeitsprognose der geschlechts- und altersmäßigen Zusammensetzung der Bevölkerung. Die Verringerung der Sterblichkeit der Bevölkerung der Armenischen SSR ist ein wichtiger Faktor des natürlichen Wachstums der Bevölkerung und der durchschnittlichen Lebenserwartung. Die Fakten zeugen davon, daß die Reduzierung der Geburtenanzahl, die von einer schnelleren Abnahme der Sterblichkeit (insbesondere der Kindersterblichkeit) begleitet wurde, eine gewisse Verlangsamung des sich verringernden Tempos des natürlichen Wachstums der Bevölkerung zur Folge hatte.

Zur Zeit ist die Gesamtsterbeziffer in der Armenischen SSR die niedrigste in der Welt. In den letzten Jahren starben durchschnittlich etwa 55 bis 56 Personen je 10 000 der Bevölkerung.

Die bedeutende Verringerung der Sterblichkeit im Land von 1940 bis 1980, die durch den Einfluß sozialökonomischer Faktoren und durch die Entwicklung der Produktivkräfte bedingt war, hatte ihrerseits eine relative Verringerung der Geburtenanzahl zur Folge. Da das Gesamtniveau der Sterblichkeit der Bevölkerung der Armenischen SSR sehr niedrig ist, sind die Möglichkeiten seiner weiteren Senkung praktisch begrenzt. Daraus ist zu ersehen, daß eine weitere Abnahme der Sterblichkeit schon nicht mehr als wirkliche Reserve für das natürliche Wachstum der Bevölkerung betrachtet werden kann.

Jedoch gibt die Gesamtsterbeziffer keine umfassende Vorstellung über das Niveau der Sterblichkeit, über den Grad ihres Einflusses auf das natürliche Bevölkerungswachstum. Eine hohe Sterbeziffer, berechnet je 1000 Personen der Bevölkerung, ist z.B. Folge von zwei Faktoren:

- der Zunahme der Anzahl von erwachsenen Personen und
- der Erhöhung der Säuglingssterblichkeit.

Als Ausdruck der Langlebigkeit beeinflußt der erste Faktor die durchschnittliche Lebenserwartung nicht wesentlich. Die hohe Ziffer der Säuglingssterblichkeit jedoch hat sowohl auf das natürliche Bevölkerungswachstum als auch auf die Erhöhung der durchschnittlichen Lebenserwartung einen bedeutenden Einfluß.

Es genügt zu erwähnen, daß im vorrevolutionären Armenien, berechnet je 1000 der Bevölkerung, 23,9 Personen und berechnet je 1000 Geborene bis zu einem Jahr, 204 Säuglinge starben. Dementsprechend betrugen diese Werte 1940 13,8 und 119, und nach starker Abnahme 1970 nur noch 5,1 und 25.[15] So wurden z.B. in der Armenischen SSR 1970 von den 55 700[16] Lebendgeborenen 54 300 Kinder älter als ein Jahr. Wenn die gleiche Anzahl von Kindern im Jahre 1913 geboren worden wäre, so hätten nur 44 300 Kinder und im Jahre 1940 49 000 Kinder das Alter von einem Jahr erreicht. Somit erhöhte sich der natürliche Bevölkerungszuwachs durch Reduzierung der Säuglingssterblichkeit (bis zu einem Jahr) 1970 im Vergleich zu 1913 um 10 000 und zu 1940 um 5 000 Personen. Von 1940 bis 1970 - bei Abnahme der Sterbeziffer der Bevölkerung der Armenischen SSR um das 2,7fache - verringerte sich die Säuglingssterblichkeit im Alter bis zu einem Jahr um etwa 4,8. Das führte zu einer starken Veränderung der Altersstruktur der Gestorbenen und damit nach einer bestimmten Zeit zur Veränderung der Altersstruktur der Bevölkerung. In den Ländern mit relativ niedrigem Entwicklungsniveau der Produktivkräfte ist die hohe Geburtenanzahl von hoher Kindersterblichkeit begleitet. Daher verringert sich in der Bevölkerungsanzahl (also auch in der Gestorbenenanzahl) der Anteil von Personen im fortgeschrittenen Alter. Im Gegensatz dazu führt gegenwärtig die Erhöhung der durchschnittlichen Lebenserwartung der Bevölkerung gerade zum Anwachsen des Anteils der älteren Personen an der Gesamtgestorbenenanzahl.

In den Unionsrepubliken, die sich durch niedrige Geburtenanzahl auszeichnen, ist die Kindersterbeziffer ungeachtet der hohen Gesamtsterbeziffer ziemlich niedrig. So liegt z.B. die Sterbeziffer für ältere Personen in allen Baltischen Sowjetrepubliken, in der RSFSR, in der Ukraine und in Belorußland höher als der Durchschnittswert der UdSSR. In den Transkaukasischen und Mittelasiatischen Republiken mit etwas höherer Kindersterblichkeit ist die Sterbeziffer der älteren Personen niedriger als der Durchschnittswert der UdSSR.

Der hohe Anteil von älteren Personen an der Bevölkerungsstruktur bedingt sowohl die hohe Sterbeziffer der Bevölkerung als auch Änderungen der Art von Erkrankungen in der Altersstruktur der Gestorbenen.

Die Untersuchung der Alterskoeffizienten der Sterblichkeit in der Armenischen SSR nach Jahren ergab, daß die Sterblichkeit in Anfangs- und Endaltersgruppen einen relativ hohen Anteil hat. In der Armenischen Republik tritt die den industriell entwickelten Ländern eigene Gesetzmäßigkeit zutage: Die Sterblichkeit weist in Anfangs-Altersgruppen eine Tendenz zum Sinken und in den End-Altersgruppen eine zur Erhöhung auf. Somit ist es nicht berechtigt, bei der Bestimmung der Anzahl von Gestorbenen von der Gesamtsterbeziffer auszugehen. Der verallgemeinerte Wert kann nicht als Grundlage für die Bestimmung der Sterbeziffer in dem zu berechnenden Zeitraum dienen. Deshalb sind die geschlechts- und altersmäßigen Sterbeziffern zu nutzen sowie die Tendenzen ihrer Dynamik nach einzelnen Ursachen der Sterblichkeit in dem erwarteten Zeitraum zu erschließen.

Bei der Erarbeitung der Sterbeziffern wurde, ausgehend von tatsächlichen Angaben der vergangenen Jahre und zu erwartenden Veränderungen, eine Berichtigung um den Wert der eventuellen Abnahme der Sterblichkeit (im Kinder- und arbeitsfähigen Alter) vorgenommen. Die Abnahme der Sterbeziffer im Perspektivzeitraum ist durch die zu erwartenden sozialökonomischen Maßnahmen begründet (Erhöhung des materiellen und kulturellen Lebensniveaus der Bevölkerung, Verbesserung der medizinischen Betreuung und Steigerung der Rolle der medizinischen Wissenschaft, Vergrößerung der städtischen Bevölkerung, Beseitigung wesentlicher Unterschiede zwischen Stadt und Land u.a.). Die Verwirklichung der genannten Maßnahmen sowie Verschiebungen im Altersaufbau der Bevölkerung werden zu bedeutenden Veränderungen in der Altersstruktur, der Erkrankungshäufigkeit und Sterblichkeit führen.

Die Sterbeziffern wurden differenziert für einzelne Altersgruppen ermittelt. Zwar diente als Ausgangspunkt der Berechnungen die Hypothese von der allmählichen Erhöhung des Anteils der Erwachsenen unter den Gestorbenen; sie könnte dennoch nicht als Grundlage für die Ermittlung der Sterbeziffer im Perspektivzeitraum angenommen werden. Bei der Ermittlung der perspektivischen Säuglingssterbeziffer wurde die allmähliche Abschwächung des Einflusses von Erkrankungen und Abnahme der Sterbeziffern für den konkreten Zeitraum berücksichtigt. Bei der Ermittlung der Sterbeziffer für das Kindesalter ist jedoch der Einfluß der Bedingungen zu berücksichtigen, die der Abnahme der Säuglingssterbeziffer einen Charakter der allgemeinen Tendenz verleihen können.

Gemäß der Prognose wird die Sterbeziffer in allen Altersgruppen eine Tendenz zur Abnahme und im Alter von 60 Jahren und älter eine Tendenz zur Erhöhung aufweisen. Im Ergebnis dessen wird die Gesamtsterbeziffer Anfang 1980 unbedeutend sinken und 1990 zunehmen. Die Berechnungen zeigen, daß sich die Struktur der Altersgruppen an der Zahl der Gestorbenen in einem bestimmten Zeitraum ändert. Der Anteil der Gestorbenen im Alter bis zu 15 Jahren wird ständig sinken. Das ist erstens durch Reduzierung der Säuglingssterbeziffer, zweitens durch Abnahme des Anteils von Kindern in diesem Alter an der Bevölkerungsanzahl bzw. drittens durch Erhöhung der Anzahl der erwachsenen Bevölkerung an ihrer Gesamtzahl bedingt.

Ab Mitte der achtziger Jahre wird sich der negative Einfluß der Gesamtsterbeziffer auf das Bevölkerungswachstum erhöhen. Das wird unter den Bedingungen der Abnahme der Säuglingssterbeziffer erfolgen. Diese wird infolge der Verlängerung der durchschnittlichen Lebenserwartung zur Erhöhung des natürlichen Bevölkerungswachstums führen.

1.3. Mobilität der Bevölkerung und der Arbeitskräfte

Eine der wichtigsten Seiten der Reproduktion der Bevölkerung und der Arbeitskräfte ist ihre Mobilität. Sie ist eine ökonomische Kategorie, die durch den Charakter der gesellschaftlichen Produktion bedingt ist. Deshalb liegen der Mobilität der Arbeitskräfte ökonomische Gesetze zugrunde, die ihre Wirkungsrichtung bestimmen. Einen gewissen Einfluß auf die Mobilität der Arbeitskräfte übt auch der technische Fortschritt aus, durch den sich die gesellschaftliche Arbeitsteilung zwischen einzelnen Bereichen, einzelnen Wirtschaftsbezirken und einzelnen Betrieben vertieft. Zugleich vervollkommnet sich die Zweigstruktur der gesellschaftlichen Produktion, die im Endergebnis zur Mobilität der Arbeitskräfte führt. Eine solche Mobilität umfaßt nicht nur den kontinuierlichen Prozeß der Verteilung und Umverteilung der Arbeitskräfte zwischen einzelnen gesellschaftlichen Produktionszweigen und innerhalb dieser, sondern auch die Veränderungen in der Qualifikations- und Berufsstruktur von Arbeitern, die Schaffung neuer Berufe und demzufolge auch die Erhöhung der Anzahl hochqualifizierter Facharbeiter in den sich entwickelnden Produktionszweigen. Dadurch nimmt der Anteil von hochqualifizierten Kadern an der Zusammensetzung der Arbeitskräfteressourcen zu.

"Die Natur der großen Industrie", schrieb K. Marx, "bedingt daher Wechsel der Arbeit, Fluß der Funktion, allseitige Beweglichkeit des Arbeiters."[17] Gleichzeitig vollzieht sich der Wandlungsprozeß der sozialen Struktur der Gesellschaft. Die Mobilität ist Folge der Umsetzung der Arbeitskräfte sowohl von einem Volkswirtschaftszweig in den anderen als auch von einem Beschäftigungsbereich in den anderen. Das letztgenannte betrifft auch die Werbung von Arbeitskräften aus der individuellen Hauswirtschaft für die gesellschaftliche Produktion und Erhöhung der Anzahl von Studenten ab 16 Jahre.

Die sozialistischen Produktionsverhältnisse bedingen somit einige Formen der Mobilität der Arbeitskräfte, die sich im wesentlichen zurückführen lassen auf:

- Mobilität der Arbeitskräfte zwischen und innerhalb von Volkswirtschaftszweigen, zwischen einzelnen durch den technischen Fortschritt bedingten Beschäftigungsarten,
- geographische Mobilität,
- Berufs- und Qualifikationsmobilität,
- soziale Mobilität,
- demographische Mobilität.

Sowohl in der gesamten Sowjetunion als auch in ihren Republiken sind alle diese Formen der Mobilität der Arbeitskräfte gegenseitig verbunden und vollziehen sich unter den Bedingungen der wissenschaftlich-technischen Revolution und des sozialökonomischen Fortschritts.

Die wissenschaftlich-technische Revolution und die beschleunigte Entwicklung fortschrittlicher Volkswirtschaftszweige führen zur Konzentration hochqualifizierter Arbeitskräfte in diesen Zweigen. Der wissenschaftlich-technische Fortschritt bestimmt die Richtungen der zwischenzweiglichen Arbeitskräfteumsetzung, indem er ihre Intensität immer mehr steigert.

Als Grundvoraussetzung für die planmäßige Umverteilung der Arbeitskräfte gilt die Erhöhung des technischen Niveaus von Betrieben, unabhängig von ihrer Bedarfsdeckung an Arbeitskräften zu Lasten der Bevölkerung, die das arbeitsfähige Alter erreicht hat. In diesem Fall erlangt die planmäßige Deckung des Arbeitskräftebedarfs nach entsprechenden Erfahrungen, Berufen und Qualifikationen in neuen Betrieben entscheidende Bedeutung. Somit bilden die aus den traditionellen Zweigen und Abteilungen im Ergebnis der Erhöhung der Arbeitsproduktivität freigesetzten Arbeitskräfte die Hauptquelle für die Befriedigung des Arbeitskräftebedarfs in den neugegründeten Zweigen.

Es wird vermutet, daß die Erhöhung der Intensität der Arbeitskräftewanderung ein gesetzmäßiger Vorgang ist, der sich im Ergebnis der Entwicklung der gesellschaftlichen Produktion und des wissenschaftlich-technischen Fortschritts vollzieht. Forschungsergebnisse besagen, daß jeder Beschäftigte im Laufe seiner gesamten Tätigkeit seinen Arbeitsplatz 5- bis 10mal wechselt.[18] Laut Angaben des Laboratoriums für Arbeitsvermögen an der Staatlichen Universität Moskau wechselt jeder Arbeiter im Durchschnitt alle 3 bis 4 Jahre seinen Betrieb und Beruf, alle 6 Jahre den Wirtschaftszweig und alle 12 Jahre seinen Wohnort.[19] Aus sowjetischen wissenschaftlichen Veröffentlichungen ist ersichtlich, daß ein Teil weniger qualifizierter Arbeiter gleichzeitig mit seinem Arbeitsplatz auch seinen Beruf wechselt. Dagegen verbleiben Arbeiter mit Querschnittsberufen und qualifizierte Arbeiter meistens in ihrem Beruf.

Der intensive Prozeß der Umverteilung des Arbeitsvermögens in der Armenischen SSR ist nicht nur in der sich ständig erweiternden Differenzierung der Produktion, im Komplizierterwerden und in der Entstehung selbständiger Zweige, sondern auch in der größeren Anzahl der das arbeitsfähige Alter erreichenden Personen begründet.

Die Dialektik der gegenwärtigen Entwicklung besteht darin, daß die höheren Maßstäbe an die gesellschaftliche Produktion und die Entfaltung von Integrationsprozessen nicht nur eine ständige Vervollkommnung der planmäßigen Organisation der Arbeit erfordern, sondern auch Voraussetzungen für eine zunehmende gesellschaftlich nicht notwendige Arbeitskräftewanderung, wie Fluktuation, schaffen. Dazu trägt auch die Möglichkeit einer freien Berufswahl bei. Die Fluktuation der Arbeitskräfte hat in jedem konkreten Fall ihre eindeutigen Motive. Jeder konkrete Grund, der die Fluktuation bewirkt, würde jedoch nicht so aktiv hervortreten, wenn die sich erweiternde gesellschaftliche Produktion (darunter auch die Bildung) keine zusätzliche Nachfrage nach Arbeitskräften erheben würde und wenn keine Integrationsprozesse zwischen einzelnen Produktionszweigen und sogar zwischen einzelnen Berufen stattfinden würden. Deshalb ist die Fluktuation der Arbeitskräfte zwar ein Ausdruck des subjektiven Willens einer Person - als Reagieren auf Mängel der Arbeitsorganisation -, jedoch gilt sie sowohl in einem einzelnen Betrieb als auch im Maßstab der ganzen Gesellschaft als Folge einer Reihe von objektiven Prozessen. Sie wird aus einer subjektiven Möglichkeit, die im Willen der Person liegt, zu objektiver Wirklichkeit im Ergebnis der Entwicklung des Umfangs und der Vielfalt der Nachfrage nach der Arbeitskraft in der gesellschaftlichen Produktion einerseits und bestimmter Unterschiede andererseits, die sich aus Wünschen und Bedürfnissen der Person und den im jeweiligen Betrieb fehlenden Voraussetzungen für ihre Befriedigung ergeben.

Aus einer solchen theoretischen Fragestellung kann geschlußfolgert werden, daß die Fluktuation der Arbeitskräfte im gewissen Sinne objektiv den Anforderungen des wissenschaftlich-technischen Fortschritts entspricht. Wenn sie mit den jeweiligen betrieblichen Interessen nicht übereinstimmt, so ergibt sie sich meistens aus den gesellschaftlichen. Durch die Vervollkommnung der volkswirtschaftlichen Planung und der ökonomischen Stimulierung läßt sich jedoch der negative Einfluß der Fluktuation von Kadern verringern. Untersuchungen zeigen, daß die Fluktuation, wie auch die anderen Formen der unplanmäßigen Wanderung der Arbeitskräfte, oft weder den Interessen der Person und der Gesellschaft noch den Interessen des jeweiligen Betriebes entspricht. Eine nicht vertretbare Migration der Arbeitskräfte hat größere Verluste zur Folge.

Untersuchungen des Instituts für Ökonomie der Akademie der Wissenschaften der Armenischen SSR, die auf Analysen in mehreren Maschinenbaubetrieben der Republik basieren, zeigen, daß den auf eigenen Wunsch entlassenen Arbeitern viele Arbeitstage verloren gehen, bevor sie in einem neuen Betrieb eingestellt werden. Darüber hinaus nimmt die Arbeitsproduktivität dieser Arbeiter während der Entlassung und in der Einarbeitungsphase am neuen Arbeitsplatz ab. Deshalb stellte der XXV. Parteitag der KPdSU die Aufgabe, Maßnahmen zur Kadersicherung und Verringerung der Fluktuation der Arbeitskräfte zu ergreifen.[20]

Der wissenschaftlich-technische Fortschritt führt zur Integration und Entstehung einer Vielfalt von nichtspezialisierten Berufen sowohl in gleichartigen Produktionen eines Produktionszweiges als auch in verschiedenen Volkswirtschaftszweigen. Infolgedessen tritt eine zweigliche und territoriale Arbeitskräfteumsetzung ein. Dazu tragen ebenfalls die umfassende Entwicklung der Produktivkräfte bei, insbesondere der Transportmittel, die Annäherung des Niveaus der Arbeitsintensität und -produktivität und die Erreichung der gesellschaftlich normalen Durchschnittsintensität in gleichartigen Produktionen.

Dieser Prozeß führt zur Vertiefung der Spezialisierung von verschiedenen Wirtschaftsbezirken des Landes. Die auf eine bestimmte Produktionsart spezialisierten Wirtschaftsbezirke werden mit der Zeit zu Quellen für die Versorgung anderer Regionen mit Kadern und Fachleuten. So erfordert die Spezialisierung, umfassende Maßnahmen zur Ausbildung von Kadern und Fachleuten durchzusetzen. Dabei werden die Kader, die die Entwicklung wissenschaftlich-technischer Erkenntnisse fördern, nach wie vor in großen Forschungszentren herangebildet. Das wird die Migration der Jugend besonders verstärken.

Die intensive Bevölkerungswanderung, vor allem der Jugend, ist in der UdSSR nicht nur durch den wissenschaftlich-technischen Fortschritt, sondern auch durch das Recht auf Arbeit, auf Wohnung, auf kostenlose Berufsausbildung sowie durch die Beseitigung des Privateigentums am Boden bedingt.

In der UdSSR liegen der Bewegung von Arbeitskräften Faktoren zugrunde, die Unterschiede im Entwicklungstempo und -niveau der Produktivkräfte einzelner Wirtschaftsbezirke des Landes im konkreten historischen Zeitraum bewirken. Jeder Wirtschaftsbezirk der UdSSR wird jedoch durch die ihm eigenen Besonderheiten der Migration der Bevölkerung und der Arbeitskräfte gekennzeichnet. Deshalb ist die Migration der Bevölkerung und der Arbeitskräfte der UdSSR nicht nur im Maßstab des ganzen Landes, sondern auch unter dem Aspekt einzelner Wirtschaftsregionen zu betrachten.

Für die Armenische SSR ist ein aktiver Wanderungssaldo charakteristisch. In einzelnen Zeiträumen beträgt der aktive Saldo 10 bis 15 % der Bevölkerungswanderung. Die intensivsten Wanderungsbeziehungen hat die Armenische SSR zu der RSFSR, den Transkaukasischen Unionsrepubliken und der Ukrainischen SSR. Die Armenische SSR zeichnet sich besonders durch einen aktiven Wanderungssaldo der städtischen Bevölkerung zwischen den Republiken aus. Er nimmt nach dieser Kennziffer die erste Stelle in der Sowjetunion ein.

Der aktive Wanderungssaldo der Bevölkerung aus der RSFSR ist sowohl durch Studenten als auch durch die armenische und russische Bevölkerung in der Armenischen SSR bedingt. Jungen und Mädchen, die in Schulen der benachbarten Aserbaidshanischen und Grusinischen SSR in armenischer Sprache ausgebildet wurden, setzen ihr Studium hauptsächlich in mittleren Fach- und Hochschulen der Armenischen SSR fort. Nach Abschluß des Studiums bleiben sie größtenteils in der Armenischen SSR und arbeiten in der Volkswirtschaft. Das ist ein Beweggrund für den Umzug der übrigen Familienmitglieder in die armenische Republik.

Zukünftig werden die Hauptfaktoren der Bewegung der Jugend mit dem Studium verbunden und durch die Wahl eines aussichtsreicheren Berufes bedingt sein. Nach Auffassung des Autors wird ab Mitte der achtziger Jahre die Zahl der in andere Republiken und große wirtschaftliche Zentren zum Studium abwandernden Personen bedeutend steigen. Was die Immigration infolge des Tätigkeitswechsels zur geeigneteren Arbeitsvermittlung anbelangt, so wird diese wachsen und einen zweiseitigen Charakter annehmen. Manchmal kann der Aktivsaldo, verursacht durch die genannte Wanderung, ein Passivsaldo sein. Der letztere wird bedingt sein durch die Reduzierung der Anzahl der in das arbeitsfähige Alter übergehenden Bevölkerung in verschiedenen Orten des Landes, durch den Unterschied im Entlohnungssystem sowie durch die Neigung der Jugend zur Arbeit in den neuesten Volkswirtschaftszweigen.

Die Intensität der Mobilität der Arbeitskräfte in der Armenischen SSR erklärt sich auch durch den beschleunigten Prozeß der Bevölkerungswanderung innerhalb der Republik. Sie wird durch die Bevölkerungswanderung vom Lande in die Stadt sowie aus kleineren Städten in mittelgroße und große gekennzeichnet. Im Ergebnis solcher Arbeitskräftemobilität ist die Armenische Republik durch ein starkes Wachstum der städtischen Bevölkerung als Folge ihrer industriellen Entwicklung charakterisiert. Im Vergleich zu 1913 nahm ihre Stadtbevölkerung um das 19,5fache und die Landbevölkerung um das 17,7fache (6,6 %) zu. Das führte zu einer bedeutenden Veränderung des Verhältnisses zwischen der Stadt- und Landbevölkerung. Während der Anteil der Landbevölkerung an der gesamten Bevölkerung der Republik 1939 71,4 % betrug, verringerte sich dieser 1970 auf 40,5 % und gegenwärtig sogar auf 34 %. Von 1959 bis 1980 entfielen 87,5 % der Gesamtbevölkerungszunahme auf die Stadtbevölkerung.

In diesem Zeitraum betrug der absolute Zuwachs der Stadtbevölkerung 1,150 Mio Personen. Dabei ist diese Zunahme nicht nur Ergebnis des natürlichen Zuwachses der Stadtbewohner sowie der Wanderung der Landbevölkerung, sondern auch Folge der Umbenennung einiger ländlicher Rayonzentren in Städte bzw. städtische Siedlungen. In den Jahren der Sowjetmacht wurden in Armenien 21 Städte gegründet, von denen die meisten große Industriezentren sind. Es ist jedoch hervorzuheben, daß die Stadtbevölkerung hauptsächlich in drei Städten der Republik konzentriert ist. Im Jahre 1978 betrug die Bevölkerungszahl allein in Jerewan ein Drittel der gesamten Bevölkerung und mehr als die Hälfte der Stadtbevölkerung der Republik.

Die Hauptursachen des Übergangs der Bevölkerung aus ländlichen Gegenden in Städte liegen neben der Mechanisierung von Produktionsprozessen auch in der Begrenzung der landwirtschaftlichen Nutzfläche der Armenischen SSR, der Entwicklung des nichtproduzierenden Bereichs sowie in den Möglichkeiten einer Fachbzw. Berufsausbildung.

Der Wechsel vom Land in Städte ist das gesetzmäßige Ergebnis der historischen Entwicklung der Gesellschaft. Er vollzieht sich unter dem Einfluß des wissenschaftlich-technischen Fortschritts und der industriellen Entwicklung der Landwirtschaft. So leitet W.I. Lenin "das Gesetz von der Zunahme der industriellen Bevölkerung auf Kosten der landwirtschaftlichen aus dem Umstand ab, daß das variable Kapital in der Industrie absolut zunimmt ..., während in der Landwirtschaft 'das variable Kapital absolut abnimmt, das zur Exploitation eines bestimmten Bodenstücks erfordert ist'."[21] Eine solche Fragestellung bezieht sich vollkommen auch auf die sozialistische Ökonomie. Die Intensivierung der Landwirtschaft führt nach Marx zur Verminderung des Aufwandes an lebendiger Arbeit je Einheit der Bodenfläche. Ausgehend davon kann geschlußfolgert werden, daß unter den Bedingungen des entwickelten Sozialismus die Wanderung der Bevölkerung vom Lande in die Stadt fortbestehen wird, solange

- die Vollmechanisierung der Arbeiten in allen Zweigen der landwirtschaftlichen Produktion andauert,
- die Spezialisierung der Landwirtschaft im Maßstab des ganzen Landes vollzogen wird,
- die wesentlichen sozialökonomischen Unterschiede zwischen Stadt und Land erhalten bleiben und das Tempo des natürlichen Zuwachses der Landbevölkerung gegenüber dem der Stadtbevölkerung verschieden ist,
- das Tempo der wirtschaftlichen Entwicklung der ländlichen Gegenden von dem der städtischen zurückbleibt (hauptsächlich die Entwicklung der Industrie und der nichtproduzierenden Bereiche),
- die Ausbildung von qualifizierten Kadern für die Landwirtschaft und überhaupt für die Volkswirtschaft traditionsgemäß in Großstädten konzentriert ist.

Jedoch muß die Gesellschaft unter den Bedingungen des entwickelten Sozialismus danach streben, daß der Zuwachs der in die nichtlandwirtschaftlichen Zweige einbezogenen Bevölkerung infolge der Verringerung der Anzahl der in der landwirtschaftlichen Produktion beschäftigten Personen nicht unbedingt auf Kosten der Landbevölkerung erfolgt. Die bisherige Praxis brachte ein nicht gerechtfertigtes Wachstum von Großstädten im Land, eine überaus große Konzentration der Bevölkerung, der Arbeitskräfte, der

Grundfonds und der Zweige des nichtproduzierenden Bereichs hervor. Dieser Umstand wirkt sich auf den Nutzungsgrad der Arbeitskräfteressourcen aus. Darum ist vorgesehen, die Linie zur Begrenzung des Wachstums der Großstädte konsequent durchzusetzen.

Natürlich ist nicht zu leugnen, daß die von der Landwirtschaft freigesetzten jungen Arbeitskräfte in nichtlandwirtschaftliche Zweige umgesetzt werden und die Zunahme der städtischen Bevölkerung infolgedessen objektiv von Interessen des wissenschaftlich-technischen Fortschritts und der Erhöhung der Effektivität der Ausnutzung der Arbeitskräfte diktiert wird. Die einseitige Lösung dieses Problems, die zur unerwünschten Veränderung der Altersstruktur der Landbevölkerung geführt hat, hemmt jedoch sowohl den Entwicklungsprozeß der landwirtschaftlichen Produktion als auch den der normalen Reproduktion der Bevölkerung.

Einen ziemlich großen Prozentsatz der vom Lande abwandernden Bevölkerung bilden Jugendliche mit allgemeiner Mittelschulbildung, was sich auf die Entwicklung der Produktivkräfte in der Landwirtschaft negativ auswirkt. Die UdSSR orientiert neben der Erhöhung einer planmäßigen Migration der Bevölkerung vom Lande in die Stadt auf die Schaffung von Bedingungen, die gewährleisten, daß ein bestimmter Teil der von der Landwirtschaft freigesetzten Arbeitskräfte Tätigkeiten mit nichtlandwirtschaftlichem Charakter in den Landgebieten selbst aufnehmen kann. Besonders wichtig ist dabei die Verwirklichung von sozialökonomischen Umgestaltungen in großen Maßstäben auf dem Lande im XI. Fünfjahrplan sowie bis 1990 entsprechend den Beschlüssen des XXVI. Parteitages. Mit der Veränderung des Charakters der Arbeit, der sozialen Zusammensetzung der Landbevölkerung, mit der Überwindung der sozialökonomischen Unterschiede zwischen Stadt und Land, zwischen der geistigen und körperlichen Arbeit wird sich auch der Charakter der Migration der Bevölkerung verändern.

Einen bestimmten Einfluß auf die Mobilität der Arbeitskräfte üben demographische Prozesse aus. Die Konzentration hochqualifizierter Arbeitskräfte in den Zweigen, die die materielle Basis des technischen Fortschritts bilden, wird von der Veränderung der alters- und geschlechtsmäßigen Struktur der Beschäftigten begleitet. Der Einfluß demographischer Prozesse auf die Mobilität der Arbeitskräfte in der Armenischen SSR zeigte sich in drei Richtungen:

- Erstens fand im letzten Jahrzehnt ein Prozeß der Verjüngung der Arbeitskräfteressourcen statt.

- Zweitens konzentrieren sich die Arbeitskräfte, besonders die Jugend, in großen, neuen Städten.
- Drittens wandert die Jugend in die Industrie ab, besonders in ihre neuen, fortschrittlichen Zweige.

In den sechziger Jahren verringerte sich jährlich die Anzahl der in das arbeitsfähige Alter kommenden Personen infolge der demographischen Prozesse, die sich sowohl im ganzen Lande als auch in der Armenischen SSR entwickeln. In diesem Zeitraum erreichen die in den Kriegsjahren geborenen Kinder das arbeitsfähige Alter. Das hatte zweierlei Wirkung auf die Mobilität der Arbeitskräfte. Einerseits verminderte sich allmählich der Anteil der Arbeitsfähigen an der Gesamtzahl der Bevölkerung. Andererseits führte das zur Erhöhung des "Alterungskoeffizienten" der arbeitsfähigen Bevölkerung. Zugleich ist zu berücksichtigen, daß sich der Anteil der arbeitsfähigen Bevölkerung an der Gesamtzahl der Bevölkerung deswegen verringerte, weil zu dieser Altersgruppe Kriegsteilnehmer gehörten, obwohl diese Tatsache den "Alterungsprozeß" der Arbeitskräfteressourcen nicht bedingt hat.

Seit Anfang der siebziger Jahre hat sich die Zusammensetzung der Arbeitskräfteressourcen wesentlich geändert. Das arbeitsfähige Alter erreichten die Personen, welche in den Nachkriegsjahren geboren wurden, die durch eine hohe Geburtenanzahl gekennzeichnet waren.

1.4. Perspektivische Aspekte der Bevölkerungsentwicklung

Bei der Vorausberechnung der Bevölkerungsentwicklung wurde davon ausgegangen, daß die wichtigsten demographischen Tendenzen, die sich im letzten Jahrzehnt herausbildeten, auch später mit einigen Veränderungen hervortreten können. Als Ausgangsmaterial für die Bevölkerungsprognose dienten Angaben der Volkszählung über die geschlechts- und altersmäßige Zusammensetzung der Bevölkerung der Armenischen SSR. Die Bevölkerungsprognose wurde nach der bekannten Methode - mittels Verschiebung nach Geschlecht und Alter ab Bezugszeitraum - vorgenommen. Gemäß diesem Grundsatz gehen die Personen von einem Altersjahrgang nach einem Jahr in den nächst höheren Altersjahrgang über. Bei dieser Verschiebung der Altersgruppen wird die Personenanzahl des jeweiligen Jahrgangs um den Wert der Sterbeziffer vermindert und bei einer positiven Migration entsprechend erhöht. Zugleich wird jährlich die Geburtenanzahl der Gruppe im Alter bis zu einem Jahr ergänzt.

Bei den Berechnungen wurde berücksichtigt, daß die Säuglingssterblichkeit auch in Zukunft abnehmen wird. Es wird angenommen, daß die Sterbeziffern bei Personen im jugendlichen und jungen arbeitsfähigen Alter sinken werden. Mit Rücksicht auf Strukturverschiebungen des Altersaufbaus der Bevölkerung sind Veränderungen in der Sterbestruktur auch nach einzelnen Erkrankungsarten zu erwarten. So wird die Sterblichkeit im wesentlichen als Folge der Erkrankungen wachsen, die für Personen im fortgeschrittenen Alter kennzeichnend sind. Für die Vorausberechnung ist auch die zu erwartende Anzahl der Geburten festzustellen. Sie wurde nach altersmäßigen Fruchtbarkeitskennziffern für je 1000 Frauen ermittelt. Die mögliche Geburtenanzahl wurde durch Multiplikation der Anzahl von Frauen der jeweiligen Altersgruppe mit der entsprechenden Geburtenziffer bestimmt.

Die Vorausberechnung der Bevölkerung wurde wie folgt vorgenommen:.

Für das jeweilige Jahr (j) sind bekannt:

1. die vorhandene Bevölkerungsanzahl (Männer und Frauen) nach Altersgruppen (N_{ij}, $i = 0,1,2,...,n$);
2. die Neugeborenenanzahl (l_j);
3. die Sterbeziffer nach einzelnen Altersgruppen (S_{ij}, $i = 0,1,2,...,n$);
4. die altersmäßige Migration (M_{ij}, $i = 0,1,2,...,n$).

Danach beträgt die Bevölkerungsanzahl zum Jahresende:

$$N_j = \sum_{i=0}^{n} (N_{ij} + M_{ij})\ (1 - S_{ij}) + l_i.$$

Für die Berechnung der Anzahl nach Altersgruppen wurde folgende Formel angewendet:

$$N_{ij} + 1 = (N_{i-1,j} + M_{i-1,j})\ (1 - S_{i-j}) + l_i.$$

Die Anzahl beträgt dann zum Jahresende:

$$N_i + 1 = \sum_{i=0}^{n} (N_{i,\,j+1} + M_{i,\,j+1})\ (1-S_{i,\,j+1}) + l_j + 1.$$

Die Bevölkerung der Armenischen SSR wird auch in Zukunft ein hohes Wachstumstempo aufweisen, obwohl es im Vergleich zu den vergangenen zwei Jahrzehnten niedriger sein wird. Wenn 1959 bis 1979 das durchschnittliche jährliche Wachstumstempo der Bevölkerung 2,75 % betrug, so wird es abnehmen und 1979 bis 1989 2,3 % und 1989 bis 1999 1,8 % betragen. Jedoch ist festzustellen, daß zu dieser Zeit "das Gewicht" eines jeden Prozentes zunehmen wird. Im Vergleich zu den vergangenen zwei Jahrzehnten wird es 1981 bis 2000 1,2mal höher sein. Wenn der durchschnittliche jährliche Bevölkerungszuwachs für den Zeitraum 1961 bis 1980 absolut 60 600 Personen betrug, so wird er 1981 bis 2000 bei 70 900 Personen liegen. Zum 1. Januar 1991 wird die Bevölkerung der Armenischen SSR voraussichtlich 3,96 Mio und zum 1. Januar 2001 4,66 Mio Personen betragen. Die Senkung des Wachstumstempos der Bevölkerung ist, wie oben beschrieben, auf die Reduzierung der durchschnittlichen Familiengröße zurückzuführen und darauf, daß die Sterbeziffer nicht weiter gesenkt werden kann.

In der Perspektive werden auch im altersmäßigen Aufbau der Bevölkerung bestimmte Änderungen eintreten. Die Altersstruktur wird sich der der Bevölkerung jener Sowjetrepubliken angleichen, die durch ein hohes Entwicklungsniveau der Produktivkräfte gekennzeichnet sind. Im Vergleich zum Bevölkerungswachstum insgesamt (mit Ausnahme der Jahre 1985 bis 1990) wird die Anzahl der Kinder und Jugendlichen langsamer wachsen.

Zugleich begann in der Reproduktion der Bevölkerung der Armenischen SSR seit Mitte der siebziger Jahre eine Etappe, in der die absolute Anzahl der in das arbeitsfähige Alter kommenden Personen die Anzahl der Geborenen übertraf. Im XI. Fünfjahrplan werden sich zwar ihre Wachstumstempi angleichen, jedoch wird die absolute Anzahl der in das arbeitsfähige Alter kommenden Personen ab der achtziger Jahre allmählich sinken.

Gegenwärtig wird die Armenische SSR durch eine stark ausgeprägte junge Zusammensetzung der arbeitsfähigen Bevölkerung gekennzeichnet, in der die 16- bis 19jährigen vorherrschen. Die arbeitsfähige Bevölkerung der Republik wird bis zum Jahre 2000 eine noch jüngere Zusammensetzung aufweisen, obwohl der Anteil von Personen mit einem relativ hohen Alter (45 Jahre und mehr) ab den neunziger Jahren etwas ansteigen wird. Die Reduzierung des Anteils der arbeitsfähigen Bevölkerung ab Mitte der achtziger Jahre wird durch starke qualitative Verschiebungen begleitet werden, und zwar sowohl durch die Zunahme des absoluten Wertes des aktivsten arbeitsfähigen Alters als auch durch die Erhöhung seines Anteils. Das Vorherrschen des aktivsten Teils in der arbeitsfähigen Bevölkerung ist eine wichtige Voraussetzung für den wissenschaftlich-technischen Fortschritt und die Steigerung der Arbeitsproduktivität. Durch Erhöhung des aktiven Anteils der arbeitsfähigen Bevölkerung in der Volkswirtschaft wird die Arbeitsproduktivität ab Mitte der achtziger Jahre unter sonst gleichen Bedingungen mit höherem Tempo wachsen. Dazu wird auch die Vertiefung der Intensivierung der gesellschaftlichen Produktion beitragen.

Auch wird bis Ende 1980 das intensive Wachstum der arbeitsfähigen Bevölkerung auf Grund einer konstanten Bevölkerungsanzahl, die vom arbeitsfähigen Alter in das Rentenalter übergeht, gekennzeichnet sein. Seit Anfang der siebziger Jahre nahm die in das Rentenalter übergehende Bevölkerung durch den Anteil der Frauen zu. Infolgedessen nahm auch der Anteil von Frauen im Rentenalter in der Bevölkerungsstruktur zu.

Seit Anfang der achtziger Jahre erhöht sich der Anteil von männlichen Rentnern. 1981 bis 1990 werden weitaus mehr Männer aus dem arbeitsfähigen Alter in das Rentenalter übergehen als 1971 bis 1980, und im Zeitraum von 1991 bis 1995 wird ihre absolute Anzahl die entsprechenden Angaben für den Zeitraum von 1961 bis 1975 übersteigen. Der Anteil der Personen im arbeitsfähigen Alter wird bis Mitte der achtziger Jahre ebenfalls steigen, dann aber bis Ende der neunziger Jahre langsam sinken.

Die Bevölkerung der Armenischen SSR wird also allmählich "altern". Zu diesem Prozeß wird die Erhöhung der durchschnittlichen Lebenserwartung und die relative Abnahme der Geburtenanzahl beitragen. Zugleich wird die Verringerung der Kindersterblichkeit und das relativ hohe Niveau der Geburtenanzahl den "Alterungsprozeß" der Bevölkerung etwas verlangsamen.

2. Vervollkommnung der Zweigstruktur der Arbeitskräfteressourcen und deren Verteilung nach Wirtschaftszweigen

Unter den Bedingungen des wissenschaftlich-technischen Fortschritts erlangt die Proportionalität zwischen der wirtschaftlichen Entwicklung und dem Bevölkerungswachstum, zwischen den Naturbedingungen/Naturressourcen und der Bevölkerung bei der Lösung der Fragen der regionalen Planung eine große Bedeutung. Die schnelle Entwicklung der Wirtschaft und die rationelle Verteilung der Produktivkräfte auf die einzelnen Wirtschaftsbezirke der UdSSR ist auf die effektive Nutzung nicht nur der Mineralvorräte, Rohstoffquellen, Energie- und Wärmequellen, Boden-, Wasser- und anderen Naturressourcen, sondern auch der Arbeitskräfteressourcen angewiesen. Inzwischen ist jeder Wirtschaftsbezirk der UdSSR unter den Bedingungen der einheitlichen sozialistischen Wirtschaft durch bestimmte Quellen für den Arbeitskräftenachwuchs in der gesellschaftlichen Wirtschaft gekennzeichnet. Das ist Ausdruck der Gesetzmäßigkeiten der historischen Entwicklung ihrer Produktivkräfte, besonders der Bevölkerung und konkreter sozialistischer Produktionsverhältnisse.

Auf Grund regionaler Besonderheiten der demographischen Lage unterscheiden sich einzelne Wirtschaftsbezirke der UdSSR nicht nur im Tempo des Bevölkerungs- und Arbeitskräftewachstums, sondern auch im geschlechts- und altersmäßigen Aufbau voneinander.[22] Im Ergebnis solcher demographischen Besonderheiten werden einige Wirtschaftsbezirke der UdSSR durch eine günstige Arbeitskräftebilanz, andere durch eine intensive charakterisiert. Wenn in den durch eine ungünstige Arbeitskräftebilanz gekennzeichneten Wirtschaftsbezirken der Zuwachs des gesellschaftlichen Produkts in der materiellen Produktion ohne zusätzliche Arbeitskräfteressourcen zu gewährleisten ist, so werden in anderen Wirtschaftsbezirken, wie in der Armenischen SSR, insbesondere in den verarbeitenden Industriezweigen, neben einer intensiven Entwicklung zusätzliche Arbeitskräfteressourcen herangezogen. Damit wird im XI. Fünfjahrplan in der Armenischen SSR ein relativ höheres Entwicklungstempo der Industrie als in vielen anderen Unionsrepubliken geplant.

Im X. Fünfjahrplanzeitraum vergrößerte sich der arbeitsfähige Teil der armenischen Bevölkerung stark. Es ist die höchste Zunahme der Personenanzahl im arbeitsfähigen Alter während des

20. Jahrhunderts, der auch bis Mitte der neunziger Jahre nicht mehr übertroffen wird. So werden schon von 1981 bis 1985 etwa 50 000 Personen weniger als im letzten Fünfjahrplanzeitraum in das arbeitsfähige Alter kommen. Bemerkenswert ist in diesem Zusammenhang, daß vergleichsweise in der DDR, mit einer Bevölkerung von 17 Mio, von Anfang 1976 bis 1980 einige Tausend Personen weniger das arbeitsfähige Alter erreichten als in der Armenischen SSR mit seiner Bevölkerung von 3 Mio.

Die Reproduktion der armenischen Bevölkerung vollzieht sich gegenwärtig so, daß die Erhöhung der Personenzahl im arbeitsfähigen Alter von einer Abnahme der Rentner und umgekehrt begleitet wird. Auch von 1981 bis 1985 wird die Anzahl der Rentner gleich hoch bleiben. Das bedeutet, daß einerseits eine geringe Anzahl von Arbeitsplätzen freigesetzt wird und andererseits der Bedarf an neuen Arbeitsplätzen steigt. Ab Mitte der achtziger Jahre wird die Anzahl der in das arbeitsfähige Alter kommenden Personen allmählich verringert und die Anzahl der Rentner stark anwachsen. Das heißt, daß für den Zeitraum von 1986 bis 1990 eine Abnahme des Bedarfs an neuen Arbeitsplätzen kennzeichnend sein wird.

Vollbeschäftigung und optimale Nutzung der arbeitsfähigen Bevölkerung in Formen gesellschaftlich nützlicher Arbeit in einer Region erlangen im entwickelten Sozialismus eine besondere Bedeutung. Sie charakterisieren das sozialökonomische Wesen des Bevölkerungsgesetzes des Sozialismus.[23] Vollbeschäftigung und optimale Nutzung der Arbeitskräfteressourcen sind das Ziel des Bevölkerungsgesetzes, wodurch reale Möglichkeiten für die Befriedigung der materiellen und kulturellen Bedürfnisse aller Mitglieder der Gesellschaft geschaffen werden. Das Mittel für die Erreichung dieses Ziels ist die Schaffung einer fortschrittlichen Zweigstruktur auf der Grundlage der Entwicklung der gesellschaftlichen Produktion unter den Bedingungen der wissenschaftlich-technischen Revolution. Das letztere gewährleistet die effektive Beschäftigung der Bevölkerung. Sie ergibt sich aus den Erfordernissen sowohl des ökonomischen Grundgesetzes des Sozialismus und der planmäßig proportionalen Entwicklung als auch der anderen ökonomischen Gesetze.

Ausgehend davon ist eine reale Übereinstimmung zwischen der ansteigenden Anzahl der arbeitsfähigen Bevölkerung und den vorgesehenen neuen Arbeitsplätzen zu schaffen. Aus diesem Grund hielt es der XXVI. Parteitag der KPdSU für notwendig, Maßnahmen zur Erreichung einer Proportionalität der disponiblen und neu zu schaffenden Arbeitsplätze mit den Arbeitskräfteressourcen zu ergreifen.[24]

Der entwickelte Sozialismus wird durch solche Merkmale zur Erhöhung des Nutzeffekts der Arbeitskräfteressourcen gekennzeichnet, die entstehen durch den wissenschaftlich-technischen Fortschritt, die intensive Entwicklung der gesellschaftlichen Produktion, die Vervollkommnung ihrer Zweigstruktur, die Verteilung und Umverteilung der Arbeitskräfteressourcen zwischen Volkswirtschaftszweigen, d.h. auf Grund der Herausbildung einer neuen, fortschrittlichen Zweigstruktur.

2.1. Vervollkommnung der Zweigstruktur der Arbeitskräfteressourcen im materiellen Bereich der Volkswirtschaft

Unter den Bedingungen der intensiv erweiterten gesellschaftlichen Produktion gilt die technische Neuausrüstung aller Volkswirtschaftszweige als eine der charakteristischen Seiten des gegenwärtigen wissenschaftlich-technischen Fortschritts, was wiederum die Verteilung und Umverteilung der Arbeitskräfte zwischen den einzelnen Wirtschaftsbereichen und -zweigen bedingt. Das ist der objektive Prozeß der Vervollkommnung der Zweigstruktur der sozialistischen Wirtschaft, der sich auf der Grundlage der dynamischen und proportionalen Entwicklung der gesamten Volkswirtschaft und des stabilen Wachstums der gesellschaftlichen Produktion vollzieht.

Die effektive Nutzung von Arbeitskräfteressourcen ist vor allem durch deren rationelle Verteilung auf die zwei Bereiche der gesellschaftlichen Produktion und auf die verschiedenen Volkswirtschaftszweige bedingt. Die Verwirklichung des technischen Fortschritts in der armenischen Volkswirtschaft führte zu einem hohen Entwicklungstempo der materiellen Produktion und des nichtproduzierenden Bereiches. Wenn z.B. 1960 in den Zweigen des nichtproduzierenden Bereiches nur 18,3 % aller Beschäftigten in der Volkswirtschaft tätig waren, betrug 1979 diese Kennziffer 28 % (vgl. Tabelle 3). Diese Erhöhung ist auf das schnellere Wachstumstempo der Zweige des nichtproduzierenden Bereichs zurückzuführen. Das relativ langsame Wachstumstempo der Anzahl der Beschäftigten im produzierenden Bereich erklärt sich durch seine

Tabelle 3

Verteilung der in der Volkswirtschaft Beschäftigten nach Zweigen[1] (ohne Studierende, in %)

	1960	1970	1979
Beschäftigte in der Volkswirtschaft insgesamt	100,0	100,0	100,0
davon			
Industrie und Bauwesen	29,0	38,0	37,0
Land- und Forstwirtschaft (einschließlich persönlicher Hauswirtschaft)	44,0	25,0	23,0
Verkehr und Fernmeldewesen	5,0	7,0	7,0
Handel, Gemeinschaftsverpflegung, materiell-technische Versorgung, Absatz und Beschaffung	4,0	6,0	6,0
Gesundheitswesen, Körperkultur und Sozialfürsorge, Volksbildung, Kultur, Kunst, Wissenschaft und wissenschaftliche Betreuung	13,0	18,0	19,0
Einrichtungen der staatlichen Leitungsorgane, der genossenschaftlichen und gesellschaftlichen Verwaltungsorgane, Banken und Versicherung	2,0	2,0	2,0
übrige Volkswirtschaftszweige (Kommunalwirtschaft, Dienstleistungen u.a.)	3,0	4,0	6,0

1 Vgl. Narodnoe chozjajstvo Armjanskoj SSR v. 1968, Statističeskij ežegodnik, Erevan 1969, S. 145; Narodnoe chozjajstvo Armjanskoj SSR za 60 let, Jubilejnyj statističeskij ežegodnik, Erevan 1980, S. 183.

Zweigstruktur. Ein bedeutender Teil der Beschäftigten im produzierenden Bereich ist in der Landwirtschaft tätig, wobei sich ihr Anteil gegenwärtig verringert. Bei der Prognose der Entwicklung der Arbeitskräfteressourcen ist die Festlegung von Entwicklungstendenzen einzelner Volkswirtschaftszweige von großer Bedeutung, besonders der Volkswirtschaftszweige, die den wissenschaftlich-technischen Fortschritt bestimmen.

Hier spielt die Industrie eine entscheidende Rolle, die alle Bereiche der materiellen Produktion sowie den nichtproduzierenden Bereich versorgt. Die Vervollkommnung der Zweigstruktur der Industrie, die Schaffung und vorrangige Entwicklung der fortschrittlichsten Produktionen wird nicht nur den Beschäftigtengrad und die Nutzung der Arbeitskraft in der Industrie, sondern auch die Erhöhung der Effektivität der Zweigstruktur und der Nutzung der Arbeitskraft entscheidend beeinflussen.

Unter den Bedingungen der wissenschaftlich-technischen Revolution wächst die Rolle der Industrie für die Erhöhung der Effektivität der Nutzung der Arbeitskraft auch durch ihre Spezialisierung und durch die ökonomische Integration. Die Wirtschaft jeder nationalen Republik bildet einen Teil der Wirtschaft der UdSSR. Die Entwicklung einzelner Betriebe und ganzer Wirtschaftszweige der Republik und die Effektivität der Nutzung der Arbeitskräfteressourcen werden ebenfalls durch das Entwicklungsniveau ihrer wirtschaftlichen Beziehungen, durch ihre Teilnahme an der Arbeitskooperation im nationalen sowie im internationalen Maßstab bestimmt. Die Vervollkommnung der industriellen Zweigstruktur in der Armenischen SSR war in den letzten drei Jahrzehnten besonders bedeutsam. Dabei wurde die allseitige Entwicklung der Industrie durch progressive Zweigverschiebungen, durch die entscheidende Überwindung der Einseitigkeit ihrer Zweig- und Territorialteilung, durch die Spezialisierung der Industriebetriebe und die Verbesserung von qualitativen Kennziffern und die effektive Nutzung der Arbeitskraft begleitet. Mit besonders raschem Tempo entwickelten sich die führenden Zweige, die die materielle Grundlage der Hauptrichtungen des wissenschaftlich-technischen Fortschritts bilden, und zwar der Maschinenbau, die chemische Industrie, die Energiewirtschaft und die Baustoffindustrie. Die Entwicklung der genannten Zweige wurde nicht nur durch ein qualitatives, sondern auch durch ein quantitatives Wachstum, durch Schaffung von ganz neuen Produktionen gekennzeichnet. In dieser Hinsicht sind zwei Aspekte bemerkenswert. Erstens übertreffen diese Zweige im Entwicklungstempo die anderen Zweige sowohl in der gesamten Sowjetunion als auch in der Armenischen SSR. Zweitens ist das Entwicklungstempo der gesamten Industrie der Armenischen SSR höher als das der Industrie der UdSSR.

Diese Veränderungen wurden von einem Anstieg der Arbeitsproduktivität in der Industrie begleitet, die 1979 im Vergleich zu 1950 um das 4fache stieg. 1978 wurden in der Industrie etwa 68,6 % des gesellschaftlichen Gesamtprodukts und ungefähr 55 % des Nationaleinkommens der Republik geschaffen. Von der Gesamtzahl der Arbeiter und Angestellten waren in der Industrie und im Bauwesen etwa 42 % beschäftigt.

Zur Zeit ist in der Industrie der Republik eine für industriell entwickelte Länder charakteristische Zweigstruktur geschaffen worden. Als höchst spezialisierte Zweige gelten der Maschinenbau, das Nichteisenhüttenwesen, die Elektroenergiewirtschaft, die chemische, die Leicht- und Nahrungsmittelindustrie, die Baustoffindustrie u.a.

Durch die forcierte Entwicklung dieser fortschrittlichen Produktionen wurde die Herstellung vieler moderner Produktionsarten gewährleistet, die die Stellung der Republik in der Arbeitsteilung der Sowjetunion bestimmten und den neuen Berufs- und Qualifikationsbestand der Beschäftigten bedingten.

Die Arbeiter und das ingenieurtechnische Personal der Industrie der Armenischen SSR beteiligten sich aktiv an der Schaffung der neuesten Produktionsarten im Land, z.B. EDVA, Quantengeneratoren, Präzisions-, Halbleitergeräte und Automatisierungsmittel, Meß- und Regeltechnik, Apparate, die zusammengesetzte organisch-chemische Verbindungen synthetisieren, mobile Kraftwerke, Transformatoren, Kraftfahrzeuge, Hochpräzisionsinstrumente, Konzentrate von Bunt- und Edelmetallen, verschiedene Erzeugnisarten der Leicht- und Nahrungsmittelindustrie u.a. Gegenwärtig erzeugt die Armenische SSR 3,5 % der in der Sowjetunion hergestellten Transformatoren, 6,1 % der spanabhebenden Werkzeugmaschinen, 5,6 % der Erzeugnisse des Schmiedeausrüstungs- und Pressenbaus, 8,5 % der Uhren u.a. Einen beträchtlichen Anteil hat die Republik an der Herstellung von Molybdän-Konzentrat, Kupferkies, Schuhwaren, Kognak, Weinen u.a. Charakteristisch ist, daß sich in der Industrie die fortschrittlichsten arbeitsintensiven

Zweige in raschem Tempo entwickeln. Dementsprechend ist der Beschäftigungsgrad in solchen Zweigen, wie elektronische und rundfunktechnische Industrie, Gerätebau, Präzisionswerkzeugmaschinenbau u.a. stark gestiegen. 180 industrielle Erzeugnisarten der Armenischen SSR werden in 80 Länder der Welt exportiert.

Zur Zeit gibt es in der Armenischen SSR mehrere Betriebe, die den Wirtschaftskomplex der Maschinenbauproduktion bilden. Durch die bestehende entwickelte Produktionsbasis und durch die hochqualifizierten Arbeitskräfte ist auch in der Perspektive ein relativ hohes Entwicklungstempo der Maschinenbauindustrie zu erwarten. Die weitere Entwicklung der weniger materialaufwendigen und intelligenzintensiven Zweige - Rundfunkelektronik, Gerätebau und andere Zweige des Präzisionsmaschinenbaus - wird offensichtlich im wesentlichen auf den Bestand der vorhandenen Arbeitskräfteressourcen angewiesen sein, während der überwiegende Bedarf dieser Zweige an Roh- und Werkstoffen durch Einfuhr aus anderen Wirtschaftsbezirken gedeckt wird.

Eine der wichtigsten, perspektivisch zu prognostizierenden Kennziffern ist die des Wachstums der Arbeitsproduktivität. Ausgangspunkt der Prognose über die Steigerung der Arbeitsproduktivität in der Industrie ist die ökonomische Analyse des herausgebildeten Niveaus und der Dynamik der Arbeitsproduktivität, die Erschließung von Reserven und die Ermittlung der Hauptquellen für deren Erhöhung. Dazu wird versucht, die innerbetrieblichen Reserven in der Industrie der Armenischen SSR zu erschließen und auf der Grundlage ihrer Analyse und Auswertung die Wege zur Erhöhung der Effektivität der Arbeitskräfte zu bestimmen.

Die Forschungen zeigen, daß seit vielen Jahren das Wachstumstempo der Arbeitsproduktivität in der Industrie der Armenischen SSR den in den Fünfjahrplänen vorgesehenen Aufgaben nicht entsprach und hinter den Durchschnittskennziffern der UdSSR lag. Im Zeitraum von 1966 bis 1979 stand auch die Durchschnittskennziffer der Arbeitsproduktivität je Prozent des Wachstums der Ausstattung der Arbeitskräfte mit Grundfonds in der Armenischen SSR hinter der entsprechenden Unionskennziffer. Ursachen für die hohe Fondsintensität und das niedrige Wachstumstempo der Arbeitsproduktivität sind vor allem Veränderungen der Zweigstruktur der Industrie und im Erzeugnissortiment, niedriges Tempo der Mechanisierung und Automatisierung von Produktionshaupt- und besonders -hilfsprozessen, Mängel in der Organisation der Produktion und

Arbeit sowie nicht genutzte innerbetriebliche Reserven (unvollständige Ausnutzung von Produktionskapazitäten, langsames Tempo ihrer Inbetriebnahme, Disproportionen zwischen verschiedenen Produktionsgliedern, Terminüberschreitungen in der Montage u.a.

Ausgehend vom Charakter der innerbetrieblichen Reserven in der Industrie sowie der Feststellung der Gesetzmäßigkeiten und Entwicklungstendenzen, die der Industrie und jedem Industriezweig eigen sind, wird die Methode zur Bestimmung der Mehrvariantenberechnung der Industrie in einem Wirtschaftsbezirk vorgeschlagen. Dazu wurden eine entsprechende Methodik und ein Programm erarbeitet, deren Ziel die Ausarbeitung einer solchen rationellen Variante (bzw. Varianten) der Zweigstruktur der Industrie ist, die es ermöglicht, die begrenzten Investitionen mit der Auswahl der besten Varianten der effektiven Nutzung von Arbeitskräfteressourcen und der Zunahme der Arbeitsproduktivität zu verbinden.

Als Ausgangspunkt wurde folgendes angenommen:

1. konsequent wachsende Varianten (vier und mehr), die das jährlich durchschnittliche Wachstumstempo sowohl der Arbeitsproduktivität als auch der Bruttoproduktion in jedem Zweig charakterisieren,
2. minimale und maximale Grenzen der Hauptkennziffern der Industrie insgesamt (Zuwachs der Bruttoproduktion und der Arbeitsproduktivität, Umfang an Investitionen, Beschäftigtenanzahl u.a.).

Da der Beschäftigungsgrad in jedem Zweig ein Ergebnis der Kombination der entsprechenden Varianten beider Größen ist, die im Punkt 1 genannt werden, d.h. jährlich durchschnittliches Wachstumstempo der Arbeitsproduktivität und der Bruttoproduktion, so lassen sich für jeden Zweig 16 Varianten seiner Entwicklung und Beschäftigung erarbeiten.

In der Abbildung 1 sind diese Varianten, die für jeden Industriezweig vorläufig aufgestellt sind, enthalten.

Bei der Lösung der Aufgabe nach der Methode der zufälligen Wahl wird durch die EDVA irgendeine Variante der Entwicklung des i-Zweiges ermittelt (r^i_{qj}), die in bestimmter Weise dem jährlich durchschnittlichen Wachstumstempo der Bruttoproduktion, der Arbeitsproduktivität und folglich dem Wachstumstempo der Beschäftigung entspricht. Auf dieser Grundlage wird die den Forderungen des Punktes 2 entsprechende Zweigstruktur errechnet. Jede Va-

Mögliche Varianten des jährlichen durchschnittlichen Wachstumstempos der Arbeitsproduktivität des i-Zweiges	Mögliche Varianten des jährlichen durchschnittlichen Wachstumstempos der Bruttoproduktion des i-Zweiges						
	b^i_1	b^i_2	...	b^i_j	...	b^i_l
P^i_1	r^i_{11}	r^i_{12}	...	r^i_{1j}	...	r^i_{1l}
P^i_2	r^i_{21}	r^i_{22}	...	r^i_{2j}	...	r^i_{2l}
.	.	.	...	.	...	.
.	.	.	...	.	...	.
.	.	.	...	.	...	.
P^i_q	r^i_{q1}	r^i_{q2}	...	r^i_{qj}	...	r^i_{ql}
.	.	.	...	.	...	.
.	.	.	...	.	...	.
.	.	.	...	.	...	.
P^i_k	r^i_{k1}	r^i_{k2}	...	r^i_{kj}	...	r^i_{kl}

<u>Abbildung 1</u>

Mögliche Varianten der Industriezweige

$1 = r^i_{qj}$ $(i = 1,2,\ldots,n;\ \ q = 1,2,\ldots,k;\ \ j = 1,2,\ldots,l)$

ist die Anzahl der Beschäftigten des i-Zweiges unter der Bedingung des jährlichen durchschnittlichen Wachstumstempos der Bruttoproduktion (b^i_j) und der Arbeitsproduktivität (P^i_q). Somit können die entsprechenden Wachstumsvarianten für jeden i-Zweig in die Abbildung eingetragen werden.

riante läßt sich im Querschnitt der gesamten Industrie in Form des Vektors $R = (r^1_{q1j1}, r^2_{q2j2}, \ldots, r^i_{qiji}, \ldots, r^n_{qnjn})$ darstellen, wobei $(i = 1,2,\ldots,n)$ ist. Der Komponente r^i_{qiji} entsprechen in bestimmtem Maße die Kennziffern des Wachstums der Bruttoproduktion, der Arbeitsproduktivität und der Beschäftigung im i-Zweig $(i = 1,2,\ldots,n)$.

Zur Wahl der besten Varianten wird die zweite Gruppe von Annahmen vorgeschlagen, die als Restriktionen gelten. Es sind minimale und maximale Grenzen des Wachstumstempos der Arbeitsproduktivität, der Bruttoproduktion, der Beschäftigtenanzahl in der Industrie und der Höhe der Investitionen.

Es seien folgende Kennziffern der Basisperiode bekannt:

- der Umfang der Bruttoproduktion des i-Zweiges

  $V_0^i \ (i = 1,2,\ldots,n)$,

  der Umfang der Bruttoproduktion der Industrie insgesamt

  $$V_0 = \sum_{i=1}^{n} V_0^i ,$$

- die Beschäftigtenanzahl im i-Zweig

  $r_0^i \ (i = 1,2,\ldots,n)$,

  die Beschäftigtenanzahl in der Industrie insgesamt

  $$r_0 = \sum_{i=1}^{n} r_0^i ,$$

- der Umfang von Investitionen der m-Ressource, die für den Zuwachs der Produktionseinheit des i-Zweiges erforderlich ist

  $K_m^i \ (i = 1,2,\ldots,n, \ m = 1,2,\ldots,M)$.

Zur Bestimmung der Industriestruktur im T-Jahr der Planperiode werden folgende variable Größen in das Modell eingeführt:

- jährlich durchschnittliches Wachstumstempo der Bruttoproduktion

  $b_j \ (j = 1,2,\ldots,l)$,

- jährlich durchschnittliches Wachstumstempo der Arbeitsproduktivität

  $P_q^i \ (i = 1,2,\ldots,n, \ q = 1,2,\ldots,K)$,

  minimaler und maximaler Umfang von Arbeits-, materiellen und finanziellen Ressourcen im T-Jahr der Planperiode Qs und Qs^1 $(s = 1,2,\ldots,S)$.

Die Restriktionen sind:

$$ß_{min} \leq ß_T \leq ß_{max} , \qquad (1)$$

$$P_{min} \leq P_T \leq P_{max} , \qquad (2)$$

$$Y_{min} \leq Y_T \leq \dot{Y}_{max} , \qquad (3)$$

$$K_{min} \leq K_T \leq K_{max} . \qquad (4)$$

Dabei bedeuten:

$ß_{min}$, $ß_{max}$, P_{min}, P_{max} - entsprechende minimale und maximale Grenzen des jährlich durchschnittlichen Wachstumstempos der Bruttoproduktion und der Arbeitsproduktivität,

Y_{min}, Y_{max} - minimaler und maximaler Umfang von Investitionen in der ganzen Industrie im letzten T-Jahr der Planperiode.

Die Berechnungsmethodik der Kennziffern.

$ß_T$, P_T, Y_T, K_T

und das Auswahlprinzip der angewendeten Varianten:
Nach folgenden Formeln werden der Umfang der Bruttoproduktion des i-Industriezweiges im letzten T-Jahr der Planperiode

$$V_T^i = V_0^i \left(1 + \frac{b_j^i}{100}\right) T$$

und die Wachstumsrate der Arbeitsproduktivität des i-Zweiges im T-Jahr gegenüber dem Basiszeitraum

$$P_T^i = 100 \left(1 + \frac{P_q^i}{100}\right) T$$

berechnet. Die Wachstumsrate der Bruttoproduktion des i-Zweiges im T-Jahr beträgt

$$ß_T^i = 100 \left(1 + \frac{b_j^i}{100}\right) T.$$

Die Wachstumsrate der Beschäftigtenanzahl im i-Zweig im T-Jahr (beim jährlich durchschnittlichen Wachstumstempo der Bruttoproduktion gleich b_j^i und jährlich durchschnittlichen Wachstumstempo der Arbeitsproduktivität P_q^i)
ergibt dann

$$\Delta r_{qj}^i = \frac{100+b_j^i}{100+P_j^i} .$$

Die Beschäftigtenanzahl des i-Zweiges im T-Jahr wird

$$r_{qi}^i = \frac{(100+\Delta r_{qj}^i)\ r_n^i}{100}$$

betragen.

Bei Kenntnis der Bruttoproduktion der Industrie (V_T) läßt sich die Wachstumsrate der Bruttoproduktion der Industrie im T-Jahr, bezogen auf den Basiszeitraum, wie folgt ermitteln:

$$ß_T = \frac{V_T \cdot 100}{V_0} .$$

Genauso wird die Wachstumsrate der Beschäftigtenanzahl in der Industrie im T-Jahr berechnet:

$$Y_T = \frac{r_T \cdot 100}{r_0} .$$

Auf dieser Grundlage wird die Wachstumsrate der Arbeitsproduktivität in der Industrie im T-Jahr, bezogen auf den Basiszeitraum, ermittelt:

$$P = \frac{B_T}{Y_T} .$$

Das jährliche durchschnittliche Wachstumstempo der Bruttoproduktion der Industrie erfolgt nach der Formel:

$$B = \sqrt[T]{B_T \cdot 100}$$

und das jährliche durchschnittliche Wachstumstempo der Arbeitsproduktivität beträgt dann:

$$P = \sqrt[T]{P_T \cdot 100} .$$

Somit bildet die Kombinierung von l-Varianten des Bruttoproduktionswachstums jedes Zweiges und von K-Varianten des Wachstums ihrer Arbeitsproduktivität in der n-Zweigstruktur eine Menge aus $(lk)^n$ Varianten der Entwicklung der Industrie für das letzte Jahr der Planperiode. Davon wurden durch die EDVA nur die Varianten ausgewählt, die den genannten Restriktionen (1) bis (4) entsprechen.

Für die Auswahl der optimalen Entwicklungsvarianten der Strukturzweige dienten folgende Faktoren:

1. Rationellste Zweigstruktur der Industrie, die es gewährleistet,
   - die fortschrittlichen Zweige schneller zu entwickeln und zu spezialisieren,
   - ein gemäßigtes Entwicklungstempo des Bergbaus zu realisieren, was mit Knappheit der Bodenschätze verbunden ist. Ein solches gemäßigtes Tempo wird durch die Erhöhung des Mechanisierungsgrades von arbeitsintensiven Prozessen begleitet, was zur Verringerung des Beschäftigungsgrades in einigen Bergbauzweigen führen wird.
2. Schnelle Entwicklung solcher arbeitsintensiven Zweige der verarbeitenden Industrie, die

- die Anwendung einer hochqualifizierten Tätigkeit erforderlich machen,
- die Umwelt nicht verschmutzen,
- nicht energieintensiv, nicht fondsintensiv und nicht wasserintensiv sind,
- man sowohl in kleineren Städten als auch in Landgegenden ansiedeln kann,
- Frauenarbeit zulassen.

3. Erhöhung der Effektivität von Arbeitskräfteressourcen durch besonders schnelle Entwicklung der spezialisierten Industriezweige und -produktionen der Republik.
4. Entwicklung der Zweige, die die Bedürfnisse der Bevölkerung unmittelbar befriedigen.
5. Entwicklung der Zweige und Produktionen, die es gestatten, die Investitionen bei niedrigsten Ausgaben am effektivsten zu nutzen.
6. Gewährleistung der Erhöhung der Arbeitsproduktivität durch Überleitung der Erkenntnisse von Wissenschaft und Technik in die Produktion, so daß sich im Produktionszuwachs ihr Anteil erhöht.

Bei der Auswahl einer geeigneten Variante der Zweigstruktur der Industrie ist davon auszugehen, daß unter den Bedingungen der gegenwärtigen Produktionsintegration innerhalb der Republik und der gesamten Sowjetunion als wichtiger Faktor der Bildung einer fortschrittlichen Zweigstruktur der Produktion und der Erhöhung der Effektivität von Arbeitskräfteressourcen die tiefgreifende Spezialisierung der Industrie eines Wirtschaftsbezirkes gilt, die auf der Verteilung und Kooperation der Arbeit beruht. Zur Erhöhung der Effektivität der Arbeitskräfteressourcen soll neben der weiteren Spezialisierung der Industrie der Armenischen SSR auch ein relativ hohes Tempo ihrer Entwicklung bestehen bleiben.

Durch relative Reduzierung der Beschäftigtenanzahl in einigen Industriezweigen (in der chemischen sowie in der Baustoffindustrie und manchmal sogar in der Nahrungsmittelindustrie) kann ein Zuwachs der Arbeitskräfteressourcen im Maschinenbau und in der metallverarbeitenden Industrie sowie in der Leichtindustrie eintreten.

Die Weiterentwicklung und Erweiterung solcher arbeitsintensiven Zweige, wie Elektrotechnik, Elektronik und Rundfunkelektronik, Gerätebau, Werkzeugmaschinenbau, Bau von Maschinen für die chemische, Leicht-, Nahrungsmittelindustrie und andere Zweige sowie die intensive Entwicklung der chemischen, energetischen und Bauindustrie machen es erforderlich, daß auf den Einsatz von hochqualifizierten Arbeitskräften in diesen Produktionszweigen besonderer Wert gelegt wird. Demzufolge ist hier die Heranbildung eines entsprechenden Nachwuchses die wichtigste Aufgabe.

Zu berücksichtigen ist auch, daß die Betriebe der genannten Zweige ein relativ kleines Territorium einnehmen und die Umwelt nicht verschmutzen. Die Armenische SSR wird durch eine sehr große Bevölkerungsdichte gekennzeichnet und nimmt darin den zweiten Platz in der UdSSR ein. Wird aber die Bevölkerungsdichte auf die landwirtschaftlich genutzte Fläche berechnet, steht sie an erster Stelle. Hinsichtlich der effektiven Nutzung der weiblichen Arbeitskraft sind die Produktionen von bestimmtem Interesse, die für landwirtschaftliche Gebiete und kleinere Städte wichtig sind.[25] Die heute zu beobachtende Einseitigkeit in der Nutzung der Arbeitskräfte läßt sich nur durch weitere Entwicklung der Verteilung auf die Industriezweige und den nichtproduzierenden Bereich überwinden. Im zehnten Fünfjahrplan wurde im Ergebnis des Baus von über 70 Industriebetrieben und deren Zweigstellen in mittelgroßen und kleinen Städten und Dörfern 36 % der Bruttoproduktion der Industrie erzeugt. Im Beschluß des XXVII. Parteitages der KP Armeniens wird ein schnelleres Entwicklungstempo der Industrie in diesen Städten und Dörfern im Zeitraum von 1981 bis 1985 vorgesehen.

Die Notwendigkeit eines schnelleren Entwicklungstempos der Industrie der Armenischen SSR ist auch aus einer anderen charakteristischen Besonderheit, und zwar aus begrenzten Möglichkeiten für die Erweiterung der landwirtschaftlichen Nutzflächen erwachsen. Daher ist vom Standpunkt der weiteren Erhöhung der Effektivität der Nutzung der Arbeitskraft in der gesellschaftlichen Produktion die Landwirtschaft von großem Interesse. Im Unterschied zu anderen Zweigen der materiellen Produktion nahm hier der Beschäftigungsgrad ab und wird auch zukünftig weiter sinken. So wird für den XI. Fünfjahrplan auch eine intensive Entwicklung der Landwirtschaft charakteristisch sein. Wie auf dem XXVII. Parteitag der KP Armeniens festgestellt wurde, ist das durch Erweiterung der bewässerten Nutzflächen, Erhöhung der Fruchtbarkeit der landwirtschaftlichen Kulturen sowie der Leistung der Vieh- und Geflügelwirtschaft und Verbesserung der landwirtschaftlichen Produktionsstruktur zu erreichen.

Es ist festzustellen, daß die in der Landwirtschaft der Armenischen SSR beschäftigten Arbeitskräfte sich nicht so intensiv verringern, wie in der UdSSR insgesamt. Das ist darauf zurückzuführen, daß in der Struktur der landwirtschaftlichen Produktion die Zweige mit hoher Arbeitsintensität vorherrschen. Es besteht aber auch eine entgegengesetzte Tendenz. Nach dem Fondsausstattungs- und Energieausstattungsgrad der Landwirtschaft steht die Armenische SSR hinter den Unions-Durchschnittskennziffern zurück. Ihre Mechanisierung ist folglich dringend notwendig.

Eine wichtige Bedingung der Beschäftigung und Nutzung der Arbeitskräfte in der Landwirtschaft ist die Vertiefung der Spezialisierung. Es geht um die Erweiterung und Weiterentwicklung hochrentabler Produktionen, die den Richtungen der Spezialisierung in der Landwirtschaft der UdSSR entsprechen, wie Anbau von Obst (Wein, Melonen, Kürbisse u.ä.) und Gemüse. Die Produkte befriedigen nicht nur örtliche Bedürfnisse, sondern erlangen auch für die gesamte Sowjetunion und teilweise im internationalen Handel Bedeutung.

Eine der wichtigsten Prämissen für die Erhöhung der Effektivität der Arbeitskräfte der Landbevölkerung ist die Festlegung der optimalen Größe der Siedlungen. In diesem Zusammenhang ist die Erweiterung der Agrar-Industrie-Komplexe, die in den Beschlüssen des XXVI. Parteitages der KPdSU vorgesehen ist, wichtig. In der Perspektive werden die Abnahme der Beschäftigung in wenig rentablen Landwirtschaftszweigen und der Zugang von Arbeitskräften in hochrentable Landwirtschaftszweige und andere Volkswirtschaftszweige die weitere Erhöhung der Arbeitskräfteeffektivität charakterisieren. Das wird erstens durch Saisonarbeitskräfte und zweitens durch die aus unrentablen Landwirtschaftszweigen freigesetzten Arbeitskräfteressourcen erfolgen.

Somit werden die auf der territorialen Verteilung der gesellschaftlichen Arbeit begründete, ökonomisch zweckmäßige Spezialisierung der landwirtschaftlichen Produktion, die volle und rationelle Nutzung von Naturressourcen, die Gewährleistung und allseitige Nutzung der Möglichkeiten der weiteren Entwicklung der Zweige, die die Hauptrichtung der Spezialisierung der Landwirtschaft der Armenischen SSR darstellen, und die Entwicklung der stadtnahen Wirtschaft zur Erhöhung der extensiven und intensiven Nutzung der Arbeitskräfte in der Landwirtschaft führen.

Folglich wird unter dem Einfluß von gleichzeitig entgegengesetzt wirkenden Tendenzen (Vergrößerung der Produktion von hochrentablen arbeitsintensiven Kulturen, Mechanisierung und Erhöhung der Arbeitsleistung unter den Bedingungen der Begrenzung der landwirtschaftlich genutzten Fläche) eine weitere, aber unbedeutende Verringerung der Beschäftigtenanzahl in der Landwirtschaft erfolgen. Jedoch wird eine solche, zwar geringe absolute Senkung der Beschäftigtenanzahl in diesem Zweig zum starken Sinken ihres Anteils an den Beschäftigten insgesamt führen. Gerade deshalb ist auf die rationelle Nutzung der vorhandenen Arbeitskräfte, auf aktive Beeinflussung der Veränderung des Charakters der Arbeitsbedingungen und auf die Verringerung des Anteils der unqualifizierten manuellen Arbeit besonderer Wert zu legen. Die weitere Anwendung von Maschinen wird die landwirtschaftliche Arbeit der industriellen annähern. Dieser Prozeß muß vom Anstieg des Arbeitsentgelts in der Landwirtschaft und seiner Annäherung an den Lohn der Beschäftigten in der Industrie begleitet werden. Eine nicht geringe Rolle werden auch die zwischenzweigliche Kooperation und die agrarindustrielle Integration spielen, die eine Vollbeschäftigung der Landarbeiter in der gesellschaftlichen Produktion gewährleisten, was zur Vergrößerung ihres Einkommens und demzufolge zur Hebung des Lebensniveaus der Landbevölkerung beiträgt. Auch erhöht sich das Niveau der Vergesellschaftung der landwirtschaftlichen Produktion; die Annäherung der beiden Formen des sozialistischen Eigentums beseitigt allmählich die wesentlichen Unterschiede zwischen Stadt und Land. Dabei müssen bestimmte Proportionen zwischen dem Mechanisierungstempo der landwirtschaftlichen Produktion und den für soziale und kulturelle Zwecke vorgesehenen Mitteln eingehalten werden.

Vom Standpunkt der Beschäftigung ist auch das Bauwesen interessant. Die Beschäftigung in diesem Bereich ist durch zwei dem entwickelten Sozialismus eigene Tendenzen bedingt. Die eine von ihnen ist die Erweiterung der Produktion, insbesondere des Umfangs der Bau- und Montagearbeiten, die zur Erhöhung der Beschäftigtenanzahl führt. Die zweite Tendenz ist die Mechanisierung der arbeitsintensiven Prozesse im Bau selbst und folglich die Erhöhung der Arbeitsleistung, die zur Verringerung der Beschäftigtenanzahl führt.

Unter den Bedingungen der sich erweiternden Baumaßstäbe und im Ergebnis der aktiveren Wirkung des wissenschaftlich-technischen Fortschritts wird das Wachstumstempo der Beschäftigung sinken, obwohl ihr absoluter Wert in einzelnen Zeiträumen größer sein kann.

Die gegenwärtige Wirtschaft wird durch Erweiterung der zwischen- und innerbetrieblichen Beziehungen gekennzeichnet, die zur Entwicklung des Transports und zum Anstieg der Güterbeförderungsleistung führt. Für die Prognose der Beschäftigung im Verkehrswesen wurden die Kennziffern der Industrie- und Landwirtschaftsentwicklung sowie die Erweiterung der möglichen wirtschaftlichen Beziehungen zwischen einzelnen Volkswirtschaftszweigen zugrunde gelegt. Gleichzeitig werden der Anstieg der Güterbeförderungsleistung, die Zunahme der Stadtbevölkerung und Erhöhung der Verkehrsintensität berücksichtigt.

Je nach dem Verhältnis der genannten Faktoren zueinander wird sich offensichtlich auch die Verteilung der Beschäftigten im Verkehrs- und Fernmeldewesen, im Bereich der materiellen Produktion und im Dienstleistungsbereich für die Bevölkerung verändern. Wenn z.B. die Entwicklung der Industrie, Land- und Bauwirtschaft sowie des Handels auf die Zahl der Beschäftigten im Verkehrs- und Fernmeldewesen einen wesentlichen Einfluß hat, so üben auch das Wachstum und die Migration der Bevölkerung auf die Zahl der Beschäftigten im Verkehrs- und Fernmeldewesen und im Dienstleistungsbereich einen großen Einfluß aus.

Als Grundlage für die Prognose der Beschäftigtenanzahl im Verkehrs- und Fernmeldewesen dienten auch solche Kennziffern, wie Arbeitsleistung, durchschnittliche Transportwege, Tragfähigkeit, Anteil der Beförderung durch einzelne Verkehrsmittel und Anteil des Nachrichtenwesens zur Versorgung der Bevölkerung. Zur Berechnung der Angestelltenanzahl im Verkehrs- und Fernmeldewesen, die im materiellen Produktionsbereich beschäftigt sind, wurde eine Analyse der Dynamik der Volumenkennziffern einzelner Bereiche der materiellen Produktion sowie der Anzahl der in diesen Bereichen Beschäftigten durchgeführt. Im Ergebnis des stärkeren Anstiegs der Arbeitsproduktivität fand in diesem Bereich ein schnelleres Wachstum der Volumenkennziffern gegenüber der Beschäftigtenanzahl statt. Diese Tendenz wird auch in Zukunft bestehen bleiben. Durch die Erhöhung der Arbeitsproduktivität sowie durch die Übernahme eines Teils von Kurzstrecken durch den Kraftverkehr wird dabei die Anzahl der Beschäftigten im Eisenbahnverkehr auf dem früheren Niveau bleiben.

Die Forschungen zeigen, daß zukünftig die Beschäftigung eine steigende Tendenz in solchen Bereichen der materiellen Produktion der Armenischen SSR aufweisen wird, wie Handel und Gemeinschaftsverpflegung, materiell-technische Versorgung, Absatz und Beschaffung. Die Beschäftigtenanzahl im Handel und in der Gemeinschaftsverpflegung wurde sowohl auf der Grundlage der Aufdeckung der Entwicklungstendenzen dieses Bereichs, der Prognose der Zunahme des Güterumlaufs, der Sortimentsveränderungen unter Berücksichtigung ihrer Arbeitsleistung, als auch durch die Herausarbeitung von Normativen bestimmt, wobei das Wachstum der Bevölkerung und ihre geschlechts- und altersmäßige Zusammensetzung, die Veränderung des Verhältnisses zwischen der Bevölkerungsanzahl in der Stadt und auf dem Lande berücksichtigt wurden. Dabei wurde sowohl auf die Entwicklung der Produktivkräfte als auch auf die sozialökonomischen Umgestaltungen besonderer Wert gelagt, die unmittelbar mit der Befriedigung der materiellen Bedürfnisse der Menschen verbunden sind.

2.2. Verteilung von Arbeitskräfteressourcen im nichtmateriellen Bereich der Volkswirtschaft

Neben dem Anstieg der Arbeitsproduktivität in der materiellen Produktion ist auch die Gewährleistung optimaler Proportionen der Arbeitskräfteverteilung zwischen den beiden Volkswirtschaftsbereichen eine wichtige Voraussetzung für die Erhöhung der Arbeitskräfteeffektivität. Es ist bekannt, daß die Arbeitskräfteverteilung zwischen dem produzierenden und dem nichtproduzierenden Bereich vor allem durch das Entwicklungsniveau der gesellschaftlichen Produktivkräfte bestimmt wird. Mit der Entwicklung der Produktivkräfte verändern sich diese Proportionen, wobei sich der Anteil der Beschäftigten in den nichtproduzierenden Bereichen erhöht. Das optimale Verhältnis zwischen beiden Bereichen wird im Ergebnis der Entwicklung der materiellen Produktionszweige, insbesondere der Industrie und der Landwirtschaft, unter Gewährleistung einer hohen Arbeitsleistung in diesen, erreicht. Das letztere ermöglicht es, die vorhandenen Bedürfnisse der Bevölkerung zu befriedigen und den Anteil des nichtproduzierenden Bereiches bei der Umverteilung von Arbeitskräfteressourcen und materiellen Mitteln zu erhöhen, denn unter den die Reproduktion der Beschäftigten erhöhenden Faktoren erlangt die Versorgung der Bevölkerung eine besondere Bedeutung. Sie wird zur wichtigsten Voraussetzung der Erhöhung des Bildungsniveaus der Arbeitskräfte. Deshalb war das Wachstumstempo der Beschäftigung in den Zweigen des nichtproduzierenden Bereiches sowohl im ganzen Land als auch in der Armenischen SSR um 4- bis 5mal höher als in den Zweigen der materiellen Produktion.

Zur methodologischen Voraussetzung für die Verteilung der Arbeitskräfteressourcen auf diese Bereiche der gesellschaftlichen Produktion schrieb Marx: "Das Land ist um so reicher, je geringer die produktive Bevölkerung im Verhältnis zur unproduktiven, bei derselben Quantität von Produkten. Denn die verhältmismäßige Geringheit der produktiven Bevölkerung wäre ja nur ein andrer Ausdruck für den verhältnismäßigen Grad der Produktivität der Arbeiter."[26]

Zur perspektivischen Bestimmung der Beschäftigungsentwicklung in den Zweigen des nichtproduzierenden Bereiches ist ein System von Normativen auszuarbeiten. Dabei gilt es folgendes zu berücksichtigen: Erhöhung der Arbeitsproduktivität, Wachstum der Bevölkerung und Veränderung ihres geschlechts- und altersmäßigen Aufbaus, Erhöhung der Qualität der Dienstleistungen, Durchschnittszahl der Schüler in Klassen, Schüleranzahl je Lehrer, Belastung von qualifizierten Fachleuten nach einzelnen Unterrichtsfächern (Physik, Mathematik), Erfassung der Kinderanzahl in Vorschuleinrichtungen, Erweiterung des Netzes der Hochschul-, mittleren Fachschul- und Ganztagsschuleinrichtungen, Heranbildung der Kader entsprechend den Bedürfnissen der Volkswirtschaft, Verbesserung der Transportleistung für die Bevölkerung, Vergrößerung der Bettenanzahl in Krankenhäusern, Erholungsheimen und Sanatorien, Vergrößerung der Anzahl der Arbeitsplätze in Dienstleistungsbetrieben je 1000 Einwohner, Entwicklung des Handels und der Gemeinschaftsverpflegung usw. Dabei hängt der Grad der Lösung dieser Fragen im einzelnen maßgeblich von der sozialökonomischen Politik ab, die in der UdSSR und in ihren einzelnen Regionen durchgesetzt wird.

Bei der Ausarbeitung der Normative wurde neben der Erhöhung des Dienstleistungeniveaus für die Bevölkerung auch die Notwendigkeit der Verringerung der zur Zeit bestehenden Unterschiede zwischen entsprechenden Unions- und Republikdurchschnittswerten und der Unterschiede zwischen Stadt und Land berücksichtigt.

In den letzten zwei Jahrzehnten vergrößerte sich z.B. die Anzahl der Ärzte und des mittleren medizinischen Personals auf dem Lande. Trotzdem ist in den Landgebieten die Anzahl des medizinischen Personals und der Betten geringer als in den Städten. Ebenfalls niedrig ist die materielle Basis des Gesundheitswesens. Zugleich ist zu berücksichtigen, daß ein Arzt in Landgebieten weniger Kranke versorgt als in der Stadt, da die Landbevölkerung, die weit von Orts- und Rayonkrankenhäusern, Polikliniken und medizinischen Punkten entfernt wohnt, nicht oft Ärzte konsultiert. Die Dorfkrankenhäuser haben oft wenig geeignete Laboratorien und Fachärzte. Selbstverständlich darf nicht vergessen werden, daß die Landbevölkerung in das Stadtnetz der ärztlichen Betreuung einbezogen wird.

Bei der zukünftigen Bestimmung der Beschäftigtenanzahl im nichtproduzierenden Bereich wurde auf die weitere Verbesserung der Dienstleistungen für die Bevölkerung besonderer Wert gelegt. Neben der Erhöhung der Anzahl von Dienstleistungsbetrieben gilt als eine der Kennziffern der besseren Versorgung der Bevölkerung die Zunahme der Beschäftigtenanzahl in diesem Bereich. Nach diesen Kennziffern vollziehen sich die Änderungen in ländlichen Gebieten viel schneller als in Städten. Im Vergleich zu 1965 stieg der Umfang der Dienstleistungen in ländlichen Gebieten im Jahre 1979 etwa um das 12fache und in Städten um das 4,4fache. 1979 betrug der Anteil der Dienstleistungsbetriebe in den Landgebieten an der Gesamtzahl der Dienstleistungsbetriebe 34,7 %[27] mit einem Dienstleistungsumfang von 21,5 %. Jedoch ist die Versorgung der Landbevölkerung mit Dienstleistungen auf keinem hohen Niveau; auf je 1000 Landbewohner kommen viel weniger Mitarbeiter des Dienstleistungsbereiches als in den Städten.

Die Erhöhung der Beschäftigtenanzahl im nichtproduzierenden Bereich ist also nicht nur durch weitere Verbesserung der Versorgung überhaupt, sondern auch durch Erweiterung der medizinischen, Verkehrs- und Dienstleistungsversorgung der Landbevölkerung, insbesondere in weit entlegenen Gebieten bedingt. Sie betrifft vor allem folgende Zweige: Gesundheitswesen, Kommunal- und Dienstleistungswirtschaft, Handel. Das ist auch verständlich, da die Verringerung der Beschäftigung in den Zweigen des produzierenden Bereiches durch das Wachstum der Arbeitsproduktivität ausgeglichen wird; im nichtproduzierenden Bereich aber ist die grundlegende Entwicklungskennziffer die Erhöhung seiner Beschäftigtenanzahl. Somit wird vermutet, daß der überwiegende Teil des Zuwachses der Arbeitskräfteressourcen (etwa 50 bis 52 %) in den Zweigen des nichtproduzierenden Bereiches erfaßt wird.

Die Prognose der Bevölkerungsentwicklung und der Arbeitskräfteressourcen, die Aufdeckung der Entwicklungstendenzen einzelner Volkswirtschaftszweige, die Ermittlung der Gesetzmäßigkeiten der Verteilung der Arbeitskräfteressourcen nach Volkswirtschaftszweigen gestatten es, das Verhältnis zwischen den Produzenten und den Konsumenten festzustellen. Die zu diesem Zweck durchgeführten Forschungen führen zu dem Schluß, daß das Wachstum des Anteils der arbeitsfähigen Bevölkerung der Armenischen SSR im Zusammenhang mit der Verringerung der Geburtenziffer und dem Anstieg der Rentenempfänger eine bestimmte Veränderung im Verhältnis zwischen der arbeitsfähigen Bevölkerung und verschiedenen Konsumentengruppen bewirken wird.[28] Die höhere Belastung der Arbeitskräfteressourcen ab Mitte der achtziger Jahre wird nicht nur mit der wachsenden Gesamtzahl der Studierenden im arbeitsfähigen Alter, sondern auch mit der Verringerung der absoluten Anzahl der in das arbeitsfähige Alter kommenden Bevölkerung verbunden sein. Letzteres wird zum Sinken des Anteils der Beschäftigten an der gesellschaftlichen Produktion in den Arbeitskräfteressourcen führen.

3. Arbeitskräfteressourcen in der individuellen Neben- und Hauswirtschaft

Der gegenwärtige gesellschaftliche Entwicklungsstand und die sozialökonomischen Bedingungen setzen objektiv auch die Beschäftigung in der individuellen Neben- und Hauswirtschaft voraus, da die gesellschaftliche Wirtschaft die Bedürfnisse der Bevölkerung an landwirtschaftlichen Produkten vorläufig nicht vollständig befriedigen kann und die Anzahl der gesellschaftlichen Einrichtungen für die Pflege und Erziehung der Kinder noch nicht ausreichend ist. Daher sind in dem vom ZK der KPdSU und dem Ministerrat der UdSSR angenommenen Beschluß zusätzliche Maßnahmen über die weitere Entwicklung der individuellen Neben- und Hauswirtschaft und zur Schaffung von Bedingungen für ein stärkeres Interesse der Bevölkerung an einer Nebenwirtschaft vorgesehen. Wie in den "Grundrichtungen" betont wird, ist es erforderlich, die Produktion von Fleisch, Milch, Kartoffeln, Gemüse und Obst in den Nebenwirtschaften von Betrieben, Organisationen und Einrichtungen, in den individuellen Nebenwirtschaften von Bürgern sowie in den Gartenbau-, Gemüsebau- und Kaninchenzuchtgenossenschaften von Arbeitern und Angestellten zu erhöhen.[29] Die individuelle Nebenwirtschaft stellt eine ökonomische Kategorie dar. Sie drückt bestimmte ökonomische Beziehungen aus, die in zwei Formen auftreten: Eigentums- und Warenbeziehungen. Der Boden gehört zwar dem Staat, aber die darauf erzeugten Produkte sind individuelles Eigentum der die Hauswirtschaft führenden Personen. Eine solche Beziehung kann nur für den Sozialismus charakteristisch sein.

Die Beziehungen mit Warencharakter kommen konkret zwischen den diese Nebenwirtschaft führenden Personen und den Verbrauchern zum Ausdruck. Die in der Nebenwirtschaft erzeugten Produkte werden sowohl vom Staat als auch von den Mitgliedern der Gesellschaft gekauft. Deshalb muß bei der Bestimmung der Grundtendenzen der Entwicklung der individuellen Nebenwirtschaft in der Perspektive nicht nur von den Interessen einzelner diese Wirtschaft führender Personen ausgegangen werden. Eine solche Fragestellung würde die ökonomische Natur der individuellen Nebenwirtschaft und ihre Bedeutung für die Befriedigung der Bedürfnisse der Bevölkerung nicht ausdrücken. Die in der individuellen Nebenwirtschaft erzeugten Produkte sind eine wichtige Quelle zur Deckung des Konsumgüterbedarfs der Bevölkerung. Die Industriearbeiter kaufen einen bedeutenden Teil ihrer Nahrungsmittel auf dem Kolchosmarkt, wo hauptsächlich Produkte der individuellen Nebenwirtschaft realisiert werden.

"Die Grundlage der sozialistischen Landwirtschaft", wie der Generalsekretär des ZK der KPdSU L.I. Breshnew im Rechenschaftsbericht an den XXVI. Parteitag der KPdSU betonte, "waren und bleiben die Kolchose und Sowchose. Doch das bedeutet keineswegs, daß man die Potenzen der individuellen Hauswirtschaften unterschätzen darf. Die Erfahrungen zeugen davon, daß diese bei der Produktion von Fleisch, Milch und einigen anderen Erzeugnissen eine wesentliche Stütze sein können. Die Obst- und Gemüsegärten sowie das Vieh und Geflügel im Besitz der Werktätigen bilden einen Teil unseres gemeinsamen Reichtums."[30] Das heißt, daß die individuelle Nebenwirtschaft als ökonomisch notwendige Wirtschaftsform neben der gesellschaftlichen Wirtschaft existiert und auch vorläufig bestehen bleiben wird.

Die Entwicklung der individuellen Nebenwirtschaft wird in der UdSSR auf solche landwirtschaftlichen Produkte gerichtet, die einen hohen Arbeitsaufwand aufweisen und bei denen der Mechanisierungsgrad in der gesellschaftlichen Wirtschaft vorläufig noch nicht hoch ist. Dieser Bereich der gesellschaftlich nützlichen Arbeit fördert als Quelle des zusätzlichen Ertrags die Erhöhung der Effektivität der gesellschaftlichen Produktion und des materiellen Wohlstandes der Werktätigen.

Eine wichtige Rolle bei der Führung der individuellen Nebenwirtschaft spielt der Aufwand an lebendiger Arbeit je Produktionseinheit. In der gesellschaftlichen Wirtschaft ist er viel niedriger. Jedoch steht der Intensitätsgrad je Zeiteinheit in der gesellschaftlichen Wirtschaft der individuellen nach, weshalb man von jeder Einheit der bearbeiteten Fläche der arbeitsintensiven Zweige in der gesellschaftlichen Wirtschaft ein relativ kleineres Ergebnis als in der individuellen Nebenwirtschaft erhält. Bei den Kulturen aber, deren Anbau vollmechanisiert ist (z.B. bei Getreide), erhält man in der gesellschaftlichen Wirtschaft auf gleichgroßen Saatflächen größere Erträge.

Die entsprechenden Angaben zeigen, daß der Ertragsanteil einer Kolchosbauernfamilie von der individuellen Wirtschaft bedeutend höher als der Anteil des Arbeitsaufwands ist. Das hängt damit zusammen, daß sich die Arbeitszeit in der gesellschaftlichen Wirtschaft aus der notwendigen und Mehrarbeitszeit bildet.

In der individuellen Nebenwirtschaft tritt der Arbeitsaufwand völlig als Aufwand an notwendiger Arbeit auf und das durch diese Arbeit geschaffene Produkt ist ein notwendiges Produkt.

Der aus der Arbeit in der Kolchose sich ergebende Anteil am Gesamteinkommen der Kolchosbauern erhöht sich durch Intensivierung und Erweiterung der gesellschaftlichen Produktion, Steigerung der Arbeitsproduktivität und Einbeziehung von Arbeitskräfteressourcen aus der individuellen Nebenwirtschaft, wodurch sich demzufolge der aus der individuellen Nebenwirtschaft erzielte Gewinn verringerte. In der individuellen Nebenwirtschaft werden vorwiegend die Arbeitskräfte eingesetzt, die die entsprechende Effektivität in der gesellschaftlichen Wirtschaft nicht gewährleisten. Das sind überwiegend Männer im Rentenalter, eine bestimmte Anzahl Frauen im arbeitsfähigen Alter (die in den meisten Fällen kleine Kinder haben) und teilweise Jugendliche.

Von der in der Landwirtschaft insgesamt notwendigen Arbeitszeit entfällt in der Armenischen SSR auf die individuelle Nebenwirtschaft bei den Männern im arbeitsfähigen Alter 8,8 % und bei den Frauen über 27,7 %. Von den insgesamt 27 Mio in der Landwirtschaft der UdSSR Beschäftigten sind 3,9 Mio in der individuellen Nebenwirtschaft tätig.[31]

Für die Beschäftigung in der individuellen Nebenwirtschaft können zukünftig folgende Entwicklungstendenzen charakteristisch sein:

Die erste Tendenz besteht darin, daß sich der Arbeitsaufwand in den individuellen Nebenwirtschaften der Kolchosbauern, der Arbeiter und der Angestellten erhöhen wird, denn im Beschluß des ZK der KPdSU und des Ministerrates der UdSSR vom 19. Januar 1981 ist vorgesehen, die Maßstäbe der individuellen Nebenwirtschaft, insbesondere die des Anbaus von arbeitsintensiveren Kulturen und der Viehzucht zu erweitern. Dabei werden die Bearbeitungsnormen je Hektar Nutzbodenfläche und je Vieheinheit höher sein als in der gesellschaftlichen Wirtschaft, da ein bestimmter Teil der Arbeit in der individuellen Nebenwirtschaft auch weiterhin manuell ausgeführt wird. Die bestehenden Unterschiede in den Normen des Arbeitsaufwands in der gesellschaftlichen und in der individuellen Nebenwirtschaft werden im Zusammenhang mit der weiteren Mechanisierung der gesellschaftlichen Produktion und Verbesserung der Arbeitsorganisation noch größer.

Die zweite Tendenz kommt darin zum Ausdruck, daß die Vergrößerung des Arbeitsaufwands in den individuellen Nebenwirtschaften durch Reduzierung der absoluten Anzahl der arbeitsfähigen Bevölkerung (hauptsächlich Personen im Rentenalter) begleitet wird. Ein Teil der Beschäftigten im arbeitsfähigen Alter wird die Arbeit in der Nebenwirtschaft mit der in der gesellschaftlichen Produktion und in der Hauswirtschaft verbinden.

In diesem Sinne ist zwischen der Anzahl der Beschäftigten in der individuellen Nebenwirtschaft und dem darin aufgewendeten Arbeitszeitfonds zu unterscheiden. Es ist zu berücksichtigen, daß heute der größte Teil der in der individuellen Nebenwirtschaft Beschäftigten zur Hauptsaison der Landwirtschaft in der gesellschaftlichen Wirtschaft arbeitet. Für die Erfüllung des notwendigen Arbeitsumfangs sind im Sommer zusätzliche Arbeitskräfte erforderlich, deren Hauptquelle die in der individuellen Neben- und Hauswirtschaft beschäftigte Bevölkerung ist. Das sind meistens Frauen, die gleichzeitig mit dem Haushalt verbundene Arbeiten ausüben und wegen der Pflege der Kleinkinder keine Möglichkeit haben, in der gesellschaftlichen Wirtschaft zu arbeiten. Zugleich wird sich wahrscheinlich in den Nebenwirtschaften die Beschäftigung der Jugendlichen erhöhen. Im gegenwärtigen Jahrhundert der Urbanisierung wird die Arbeitserziehung der in das arbeitsfähige Alter kommenden Generation zu einem wichtigen Problem, insbesondere deshalb, weil die Jugend infolge des wissenschaftlich-technischen Fortschritts und der Einführung der obligatorischen Mittelschulbildung in der UdSSR nicht mit 16, sondern mit 17 bis 18 Jahren in die gesellschaftliche Wirtschaft eintritt.

Somit ist die erste Tendenz in der Entwicklung der individuellen Nebenwirtschaft in der Perspektive mit der Erweiterung der Arbeitsprozesse und Erhaltung eines relativ stabilen Niveaus der Arbeitskräfteressourcen verbunden.

Die zweite Tendenz hängt mit der Verringerung der Beschäftigung in der gesellschaftlichen Wirtschaft infolge der Verlängerung des Wochenurlaubs für Frauen zusammen. Auf dieser Grundlage wird auch die entsprechende Umverteilung der Arbeitskräfteressourcen in der individuellen Nebenwirtschaft erfolgen.

Im Vergleich zu einigen Unionsrepubliken zeichnet sich die Armenische SSR durch einen hohen Beschäftigungsgrad in der individuellen Nebenwirtschaft aus. Das ist vorwiegend aus den Boden- und Klimabedingungen zu erklären. Da sehr arbeitsintensive Produktionen einen verhältnismäßig hohen Warenwert haben, fördert selbstverständlich ihre Produktion die individuelle Nebenwirtschaft.

Die Beschäftigung in der Hauswirtschaft im Sozialismus hat ebenfalls eine objektive Grundlage und wird von mehreren Faktoren bestimmt, hauptsächlich vom ökonomischen Entwicklungsniveau einzelner Republiken, vom Bildungsniveau, von der Struktur der Volkswirtschaft, der Entwicklung des nichtproduzierenden Bereichs sowie einigen sozialökonomischen Besonderheiten, insbesondere vom demographischen Entwicklungscharakter.

Wie bereits erwähnt, widmet sich die Frau unter den Bedingungen des entwickelten Sozialismus nicht völlig dem Haushalt. Ausgehend davon können folgende Schlußfolgerungen gezogen werden:

Erstens kann der überwiegende Teil der in das arbeitsfähige Alter kommenden Jugend die in der Hauswirtschaft beschäftigten Arbeitskräfteressourcen nicht ergänzen.

Zweitens übt der wissenschaftlich-technische Fortschritt auf die Beschäftigung in der Hauswirtschaft einen stärkeren Einfluß aus. Die Schaffung von notwendigen Bedingungen für die Verbesserung des Alltagslebens und die Erleichterung der Hausarbeit wird ihrerseits einen weiteren Einsatz weiblicher Arbeitskräfte in der gesellschaftlichen Produktion und vor allem im nichtproduzierenden Bereich fördern.

Drittens wird die komplexe Mechanisierung und Automatisierung von schwierigen und arbeitsintensiven Produktionen neben der Erhöhung des Anteils der geistigen Arbeit zur Beseitigung der bestehenden Unterschiede in der Nutzung der Arbeitskraft von Männern und Frauen führen. Ungeachtet dessen werden bestimmte Unterschiede im Einsatz von männlichen und weiblichen Arbeitskräften erhalten bleiben.

Viertens erfordert der wissenschaftlich-technische Fortschritt die ständige Weiterbildung von Kadern. Unter diesen Bedingungen werden für die Frauen, die ihre Tätigkeit in der gesellschaftlichen Produktion unterbrochen haben, günstige Bedingungen sowohl für die Wiederherstellung der früheren Qualifikation als auch für eine Umqualifizierung geschaffen.

Fünftens wird die Erweiterung des Netzes der Vorschuleinrichtungen, Internatsschulen und Schulen mit Ganztagserziehung reale Möglichkeiten für die Einbeziehung der Frauen in die gesellschaftliche Produktion bieten.

Zur Bestimmung der Optimalgrenzen der Beschäftigung in der Hauswirtschaft eines Wirtschaftsbezirks sind differenzierte Koeffizienten auszuarbeiten. In Zukunft wird die Anzahl der in der Hauswirtschaft tätigen Frauen wahrscheinlich infolge der Verringerung der Durchschnittsgröße der Familie und der Zunahme der Aktivität von Frauen in der gesellschaftlichen Produktion abnehmen. Bei der Berechnung der wahrscheinlichen Anzahl der in der Hauswirtschaft beschäftigten Frauen ist besonders der Teil von ihnen zu berücksichtigen, der Kinder bis zu 7 Jahren hat. Etwa 1990 wird sich die Anzahl der in der Hauswirtschaft beschäftigten Frauen in der Armenischen SSR erhöhen, da die Anzahl der Mütter mit Kindern bis zu 3 Jahren wächst. Somit wird das Kontingent der in der Hauswirtschaft beschäftigten Frauen zukünftig durch große Mobilität charakterisiert. Die Sorge um den Verlust der Qualifikation wird u.a. zur Grundvoraussetzung für die relativ schnelle Rückkehr der Frauen in die gesellschaftliche Produktion.

Im entwickelten Sozialismus bildet sich durch eine günstige Verbindung der Frauenarbeit in der gesellschaftlichen Produktion mit den mütterlichen Pflichten und durch ein optimales Tempo der Bevölkerungsreproduktion der erforderliche Beschäftigungsgrad in der Hauswirtschaft, dessen Grenzen durch gesellschaftliche Bedürfnisse geregelt werden. Damit wird die Hauswirtschaft als Ergänzung der gesellschaftlichen zu ihrer organischen Fortsetzung.

4. Wissenschaftlich-technischer Fortschritt und Reproduktion der Arbeitskräfte

Zu den Arbeitskräfteressourcen der sozialistischen Gesellschaft gehören die Studierenden im arbeitsfähigen Alter. Sowohl ihr Anteil an der Gesamtanzahl der Arbeitskräfteressourcen als auch ihre absolute Anzahl erhöhen sich stetig, weil aus den Anforderungen der wissenschaftlich-technischen Revolution der Bedarf an qualifizierten Arbeitskräften wächst. Daher gewinnt die Ausbildung der Jugend zunehmend an Bedeutung.

Jede neue Generation, die das arbeitsfähige Alter erreicht, beginnt ihre Tätigkeit in der gesellschaftlichen Produktion mit neuem Kenntnis- und Qualifikationsniveau. Wenn jedoch für vorhergehende Entwicklungsetappen der gesellschaftlichen Produktion charakteristisch war, daß die Arbeitskraft ihre Tätigkeit für einen relativ langen Zeitraum ausübte, so ist für die gegenwärtige Entwicklungsetappe ein relativ schneller Wechsel der Arbeit, mehrfacher Übergang von einer Art der Arbeit zur anderen sowie oft die Ausübung eines zweiten Berufes kennzeichnend.

Das Problem der Reproduktion der qualifizierten Arbeitskraft in der Perspektive ist unmittelbar mit einer weiteren Veränderung des Charakters der gesellschaftlichen Arbeitsteilung verbunden. Insbesondere die Automatisierung der Produktion bedingt eine neue gesellschaftliche Arbeitsteilung zwischen den Menschen. Ausgehend davon, daß die bestimmende und charakteristische Richtung der gegenwärtigen wissenschaftlich-technischen Revolution der Übergang zum automatisierten Maschinensystem ist, vertreten einige sowjetische Ökonomen zu Recht die Ansicht, daß der genannte Prozeß zur Änderung des Charakters und zur neuen gesellschaftlichen Arbeitsteilung führen wird. Sie gehen davon aus, daß unter den Bedingungen der Automatisierung der Produktion und des Übergangs vom alten Dreiglied-System zum Vierglied-System,[32] bei dem die Steuer- und Regelvorrichtungen auf das ganze Maschinensystem einwirken und den Charakter seiner Funktion bestimmen[33] und sich ein Übergang zu einem grundsätzlich neuen Entwicklungsniveau der Arbeitsmittel vollzieht, jedoch menschliche Tätigkeit nicht aufhebt.

Aus dem Produktionsprozeß wird die technologisch operative Arbeitsteilung unter der Bedingung verdrängt, "solange ... die Maschine selbst, persönlicher Kraft und persönlichem Geschick seine Existenz verdankte, also abhing von der Muskelentwicklung, der Schärfe des Blicks und der Virtuosität der Hand."[34]

Anders ist es unter den Voraussetzungen der automatisierten Produktion. Hier erfüllt "die Arbeitsmaschine alle zur Bearbeitung des Rohstoffs nötigen Bewegungen ohne menschliche Beihilfe ... und (bedarf) nur noch menschlicher Nachhilfe".[35] Dadurch wird der zwischen den physischen Möglichkeiten des Arbeiters und der Leistungsfähigkeit der Maschinen entstehende Widerspruch gelöst. Marx sagt dazu: "Mit dem Arbeitswerkzeug geht auch die Virtuosität in seiner Führung vom Arbeiter auf die Maschine über."[36]

Durch den wissenschaftlich-technischen Fortschritt entstehen grundsätzlich neue Berufe (z.B. bei der Raketentechnik und Atomkernspaltung). Die Funktion ihrer Träger wird die Herstellung und Bedienung von Maschinen, automatischen Straßen und Geräten sowie ganzen Produktionskomplexen sein. Jedoch hängt der Prozeß der gesellschaftlichen Arbeit und deren berufliche Aufteilung nach wie vor von der Schaffung neuer Tätigkeitsbereiche des Menschen ab. Dabei wird die dialektische Einheit des Entstehens neuer Berufe und der Aufhebung alter Berufe durch Annäherung und Integration vieler Berufe und Fachgebiete, durch Herausbildung qualitativ neuer Berufe mit breitem Profil begleitet. Die Vertiefung der Spezialisierung der Arbeit wird immer mit ihrer neuen gesellschaftlichen Teilung verbunden sein. Die neuen Berufe haben vollkommen verschiedene qualitative Charakteristiken.

Mit der Schaffung der geeigneten materiell-technischen Basis des Kommunismus wird gegenwärtig das Problem der Berufsausbildung der gesamten Jugend zur Aufnahme einer Tätigkeit in der gesellschaftlichen Produktion gelöst. Selbstverständlich kann das nicht im Laufe eines Fünfjahrplans verwirklicht werden. Jedoch wird sich mit der Verlängerung des Prognosezeitraums die Anzahl der herangebildeten qualifizierten Kader der Anzahl der Jugendlichen im entsprechenden Alter annähern.

Bei der Bestimmung der Anzahl der Studenten im arbeitsfähigen Alter ist sowohl von dem zusätzlichen Bedarf an qualifizierten Kadern als auch von der Anzahl der Bevölkerung im entsprechenden Alter auszugehen. Für die erweiterte sozialistische Reproduktion der qualifizierten Arbeitskraft ist die Ausbildung von qualifizierten Fachleuten für alle Volkswirtschaftszweige charakteristisch.

In den vergangenen Jahren erhöhte sich in der gesellschaftlichen Produktion die Anzahl von Personen mit Hoch- und mittlerer Fachschulausbildung (vgl. Tabelle 4). 1979 entfielen auf 1000 Arbeiter und Angestellte, die in der Volkswirtschaft beschäftigt waren, 291 Personen mit Hoch- und mittlerer Fachschulausbildung.

Tabelle 4

Anzahl der Bevölkerung mit Hoch- und Mittelschulbildung (vollendet und unvollendet) je 100 Personen im Alter ab 10 Jahre[1]

Jahr	Anzahl aller Personen mit Hoch- und Mittelschulbildung (vollendet und unvollendet)	darunter				
		vollendete Hochschulbildung	unvollendete Hochschulbildung	mittlere Fachschulbildung	allgemeine Mittelschulbildung	unvollendete Mittelschulbildung
1939	128	9	-	119	-	-
1959	445	39	15	39	115	237
1970	516	37	22	49	187	201
1979	713	91	21	92	282	227

1 Vgl. Narodnoe chozjajstvo Armjanskoj SSR za 60 let, Erevan 1980, S. 19.

Die Anzahl der ausgebildeten Hoch- und Fachschulkader betrug 1979, berechnet auf 10 000 Personen, in der UdSSR 78 und in der Armenischen SSR 88 Personen. Das ist die höchste Kennziffer in der UdSSR.

Unter den Studierenden an Hoch- und mittleren Fachschulen erhöht sich stets der Anteil von Studenten an jenen Berufsgruppen, die die Grundlage des wissenschaftlich-technischen Fortschritts bilden. Wenn beispielsweise allein in den letzten anderthalb Jahrzehnten die Anzahl der Studierenden etwa um 48 % anstieg, so erhöhte sich die Anzahl der Studenten in den Fachrichtungen Energetik um 184 %, Elektrogerätebau-, Elektromaschinebau- und Automatisierung um 133 %, Rundfunk- und Nachrichtentechnik um 71 %, Bauwesen um 151 % usw. Eine ähnliche Gesetzmäßigkeit ist bei mittleren Fachschulen zu beobachten.

Die Ausbildung von Kadern für die Bedienung der modernen Produktionsanlagen ist nicht so sehr auf die Entwicklung von Fertigkeiten durch praktische Erfahrungen gerichtet, sondern die Vermittlung wissenschaftlich-technischer Kenntnisse im System der berufstechnischen Ausbildung steht im Vordergrund. Bei der Planung der Berufsausbildung ist davon auszugehen, daß durch die Entwicklung der Automatisierung und der komplexen Mechanisierung der Produktion eine Ausbildung von Kadern für qualitativ neue Berufe mit breitem Profil dringend notwendig wird. Die Befriedigung der wachsenden Bedürfnisse an qualifizierten Kadern führt allmählich zu einem neuen Typ des berufstechnischen Studiums. Eine Ausbildung an solchen Lehranstalten erhalten Jungen und Mädchen mit achtklassiger Schulbildung, wobei dieses Studium 3 bis 4 Jahre dauert. Die Abgänger dieser Schulen erhalten gemeinsam mit dem Berufsabschluß eine Mittelschulbildung. Dieses Ausbildungssystem besteht in der UdSSR seit Anfang der siebziger Jahre. Zur Zeit lernen im gesamten System der berufstechnischen Ausbildung in der UdSSR über 3,620 Mio Personen. Im XI. Fünfjahrplan ist vorgesehen, 13 Mio qualifizierte Kader heranzubilden. Weiterhin wurde beschlossen, die Anzahl der Kader mit mittlerer Fachschulbildung um das 1,6fache zu erhöhen. Ab 1982 werden in den berufstechnischen Schulen nur Kader mit Mittelschulabschluß ausgebildet.

Zugleich erwerben jährlich in der UdSSR 38 Mio Arbeiter und Angestellte neue Berufe. In der Armenischen SSR qualifizieren sich etwa 360 000. Jedoch ist festzustellen, daß die Praxis der Kaderausbildung unmittelbar in der Produktion nicht den Anforderungen des wissenschaftlich-technischen Fortschritts entspricht. Deshalb ist es durchaus zweckmäßig, die Lösung dieser Aufgabe unter Berücksichtigung der perspektivischen Bedürfnisse und der Entwicklungstendenzen des wissenschaftlich-technischen Fortschritts aufzuwerfen, da die neu ausgebildeten Kader in den nächstfolgenden Jahren in der Volkswirtschaft tätig sein werden. Gegenwärtig übertrifft die Anzahl der unmittelbar in der Produktion herangebildeten qualifizierten Arbeiter die Anzahl der in berufstechnischen Schulen Studierenden um das 3- bis 3,5fache.

Als eine Möglichkeit, qualifizierte Kader für die zukünftige Volkswirtschaft heranzuziehen, wird aber die Notwendigkeit der Ausbildung von Kadern unmittelbar in der Produktion in den nächsten 5 bis 10 Jahren nicht abgelehnt. Das z.Z. existierende System der Berufsausbildung kann in dieser Zeit nicht alle Jugendlichen des entsprechenden Alters voll erfassen.

Die Verwirklichung des vom XXVI. Parteitag der KPdSU ausgearbeiteten umfassenden Programms schafft neben der Lösung neuer sozialökonomischer Aufgaben bestimmte Voraussetzungen für die Erhöhung der Effektivität von Arbeitskräfteressourcen durch starke Erhöhung der Anzahl der herangebildeten qualifizierten Kader und durch die Vervollkommnung der Zweigstruktur der Volkswirtschaft.

5. Anmerkungen

1 Die Hauptrichtungen der wirtschaftlichen und sozialen Entwicklung der UdSSR für die Jahre 1981 bis 1985 und für den Zeitraum bis 1990, Berichterstatter: N.A. Tichonow, Berlin 1981, S. 12.

2 Vgl. ebenda, S. 19.

3 Laut Angaben der Volkszählung 1979 betrug die Anzahl der Frauen unter den Personen mit Hochschulbildung 47,1 %, unter den Personen mit mittlerer Fachschulbildung 52,9 %.

4 1960 nahmen 36 800 Personen eine Aspirantur in der UdSSR auf, 1979 etwa 96 100 Personen. In diesem Zeitraum stieg die Anzahl der Personen, die die Aspirantur abgeschlossen hatten, von 5 500 auf 24 100 (in einem Jahr). Im Studienjahr 1979/1980 studierten an den Hoch- und Fachschulen der UdSSR über 10,83 Mio Studenten.

5 1979 wurden 40,9 Mio Personen in Betrieben, Institutionen, Organisationen und Kolchosen in neuen Berufen ausgebildet bzw. qualifiziert sowie durch andere Ausbildungsarten erfaßt (mit Ausnahme der politischen Weiterbildung).

6 Vgl. I.Ju. Piserev, Naselenie i trud v SSSR, Moskva 1966, S. 144.

7 Laut Angaben der Volkszählung 1979 betrug die durchschnittliche Familiengröße in der UdSSR 3,5 (3,7 im Jahre 1959).

8 Vgl. Die Hauptrichtungen der wirtschaftlichen und sozialen Entwicklung der UdSSR für die Jahre 1981 bis 1985 und für den Zeitraum bis 1990, Berichterstatter: N.A. Tichonow, Berlin 1981, S. 15.

9 Vgl. Rechenschaftsbericht des Zentralkomitees der Kommunistischen Partei der Sowjetunion und die nächsten Aufgaben der Partei in der Innen- und Außenpolitik, Berichterstatter: L.I. Breshnew, Berlin 1981, S. 75.

10 Vgl. Die Hauptrichtungen der wirtschaftlichen und sozialen Entwicklung der UdSSR für die Jahre 1981 bis 1985 und für den Zeitraum bis 1990, Berichterstatter: N.A. Tichonow, Berlin 1981, S. 15.

11 Ebenda.

12 Vgl. Rechenschaftsbericht des Zentralkomitees der Kommunistischen Partei der Sowjetunion und die nächsten Aufgaben der Partei in der Innen- und Außenpolitik, Berichterstatter: L.I. Breshnew, Berlin 1981, S. 75.

13 Vgl. ebenda.

14 Vgl. Konstitucija SSR, Moskva 1977, S. 17.

15 Vgl. Naselenie sojuznych respublik, Sbornik statej, unter der Redaktion von T.V. Rjabuškina u.a., Moskva 1977, S. 266.

16 Vgl. Narodnoe chozjajstvo Armjanskoj SSR v 1970, Statističeskij ežegodnik, Erevan, S. 12.

17 Karl Marx, Das Kapital, Erster Band, in: Karl Marx/Friedrich Engels, Werke (im folgenden MEW), Bd. 23, Berlin 1962, S. 511.

18 Vgl. V.E. Šljapentoch, Sociologija dlja vsech, Moskva 1970, S. 108.

19 Vgl. Socialno-ėkonomičeskie voprosy organizacii truda, unter der Redaktion von V.S. Nemčenko, Moskva 1974, S. 3.

20 Vgl. XXV. Parteitag der KPdSU, Dokumente, Berlin 1976, S. 82.

21 W.I. Lenin, Die Entwicklung des Kapitalismus in Rußland, in: Werke, Bd. 3, Berlin 1956, S. 576.

22 Im Zeitraum von 1959 bis 1980 vergrößerte sich die Anzahl der Bevölkerung der UdSSR im Durchschnitt um 26,7 %, darunter in der RSFSR um 17,7 %, in der Ukrainischen und Belorussischen SSR um 19,3 %, in der Grusinischen SSR um 24,7 %, in der Moldauischen SSR um 37,5 %, in den Baltischen Republiken um 23,7 %, in den Mittelasiatischen Republiken um 88,5 %, in der Kasachischen SSR um 59,8 %, in der Aserbaidshanischen SSR um 65,3 % und in der Armenischen SSR um 73,4 %.

23 Es ist zwischen dem sozialökonomischen Bevölkerungsgesetz und dem demographischen Bevölkerungsgesetz zu unterscheiden. Jedes spiegelt verschiedene Beziehungen und verschiedene Ge-

setzmäßigkeiten wider, obwohl die zwischen der Beschäftigung der Bevölkerung und der Nutzung der Arbeitskräfteressourcen einerseits und der Reproduktion der Bevölkerung andererseits bestehende Wechselbeziehung und gegenseitige Bedingtheit offensichtlich sind.

24 Vgl. Rechenschaftsbericht des Zentralkomitees der Kommunistischen Partei der Sowjetunion und die nächsten Aufgaben der Partei in der Innen- und Außenpolitik, Berichterstatter: L.I. Breshnew, Berlin 1981, S. 57.

25 Die Frauenarbeit wird in der Leichtindustrie, in der elektronischen Industrie und anderen Produktionen angewendet.

26 Karl Marx/Friedrich Engels, Theorien über den Mehrwert, Erster Teil, in: MEW, Bd. 26.1, Berlin 1965, S. 199.

27 Vgl. Narodnoe chozjajstvo Armjanskoj SSR za 60 let, Statističeskij ežegodnik 1980, S. 253.

28 Bei der Berechnung der Belastung des arbeitsfähigen Alters durch einzelne Kategorien und Gruppen von Unterhaltsberechtigten für einzelne Etappen der Perspektivperiode wurden Studierende im arbeitsfähigen Alter, Invaliden der ersten und zweiten Gruppe, Altersrentner und Rentenempfänger mit Vorzugsrecht aus der Gesamtzahl der arbeitsfähigen Bevölkerung ausgeschlossen. Bei der Bestimmung des Kontingents der Arbeitskräfteressourcen in der gesellschaftlichen Wirtschaft wurden die Möglichkeiten der Einbeziehung eines gewissen Teils von Rentnern und Jugendlichen in die gesellschaftliche Wirtschaft berücksichtigt. Dabei wurden das Reproduktionstempo der arbeitsfähigen Bevölkerung und das Verhältnis zwischen den in das arbeitsfähige Alter kommenden und daraus ausscheidenden Personen der jeweiligen Periode in Betracht gezogen.

29 Vgl. Rechenschaftsbericht des Zentralkomitees der Kommunistischen Partei der Sowjetunion und die nächsten Aufgaben der Partei in der Innen- und Außenpolitik, Berichterstatter: L.I. Breshnew, Berlin 1981, S. 65.

30 Vgl. ebenda, S. 65.

31 Vgl. Narodnoe chozjajstvo SSR v 1979, Statističeskij ežegodnik, Moskva 1980, S. 312.

32 Vgl. A.A. Arakeljan, Sozdanie materialno-techničeskoj bazy kommunizma, im Sammelband: Nekotorye teoretičeskie voprosy stroitelstva kommunizma, Moskva 1960, S. 39. (Die Theorie des Übergangs vom Dreiglied-Maschinensystem zum Vierglied-System, die in der gegenwärtigen Literatur große Verbreitung fand, wurde vom Mitglied der AdW der Armenischen SSR A.A. Arakeljan aufgestellt. Späterhin, nachdem der Verfasser die Theorie entwickelt und formuliert hatte, verfolgte er praktische Ziele, d.h., er schlug vor, diese der Einteilung der Grundfonds zugrunde zu legen.)

33 Vgl. A.A. Arakeljan, O charaktere i is polzovanni osnovnych fondov pri socializme, im Sammelband: Problemy političeskoj ėkonomii socializma, Moskva 1959, S. 106.

34 Karl Marx, Das Kapital, Erster Band, in: MEW, Bd. 23, Berlin 1962, S. 403

35 Ebenda, S. 402.

36 Ebenda, S. 442.

Bisher erschienene Forschungsberichte

Heft 1
W. Keller/E. Kigyóssy-Schmidt
Hauptkennziffern der wirtschaftlichen Entwicklung der europäischen RGW-Länder 1960—1975

Heft 2
Autorenkollektiv
Zur Modellierung des volkswirtschaftlichen Reproduktionsprozesses

Heft 3
Autorenkollektiv
Probleme der Proportionalität zwischen gesellschaftlichem Arbeitsvermögen und Arbeitsplätzen

Heft 4
Autorenkollektiv
Ungarische Modelle der langfristigen Planung

Heft 5
Autorenkollektiv
Zur Reproduktion des Qualifikationsniveaus der Werktätigen

Heft 6
Autorenkollektiv
Probleme der Intensivierung des gesellschaftlichen Reproduktionsprozesses

Heft 7
A. P. Butenko
Zur Dialektik von Einheit und Interessen im sozialistischen Weltsystem

Heft 8
Autorenkollektiv
Reproduktion der natürlichen Umweltbedingungen

Heft 9
U. Ludwig
Aufwand—Nutzen—Analysen in Forschung und Entwicklung

Heft 10
G. Knobloch
Bedürfnisbefriedigung — Produktionsstruktur — Grundproportionen

Heft 11
Autorenkollektiv
Zur Entwicklung der Verteilungsstrukturen der Investitionen auf die Bereiche und Zweige der Volkswirtschaft

Heft 12
H.-D. Anders/H. Schilar/ K. Schwarz
Zum Bewertungsproblem im Sozialismus

Heft 13
Autorenkollektiv
Zur Kritik gegenwärtiger bürgerlicher sozialökonomischer Theorien (Konferenzmaterial)

Heft 14
R. Schaefer/J. Wahse
Bestimmung der zukünftigen Qualifikationsstruktur der Arbeitskräfte mit Hilfe eines Regressionsmodells

Heft 15
Autorenkollektiv
Wachstum — Effektivität — Intensivierung (Konferenzmaterial)

Heft 16
Autorenkollektiv
Intensiv erweiterte Reproduktion und Sozialismus

Bisher erschienene Forschungsberichte

Heft 17
H.-D. Haustein
Messung der volkswirtschaftlichen Intensivierung — Zur Methodologie —

Heft 18
Autorenkollektiv
Aktuelle Bedeutung der Marxschen Randglossen zum Gothaer Programm

Heft 19
H.-D. Anders/K. Schwarz
Modelle zur Ermittlung eines optimalen Verhältnisses von Akkumulation und Konsumtion

Heft 20
G. Kraft
Die Zusammenarbeit der Mitgliedsländer des RGW auf dem Gebiet der Investitionen

Heft 21
M. Wölfling
Ein ökonometrisches Modell der Volkswirtschaft der DDR

Heft 22
Autorenkollektiv
Karl Marx' Lehre von den Produktionsverhältnissen

Heft 23
E. Domin/S. Maier
Faktorenanalyse der Arbeitsproduktivität

Heft 24
Autorenkollektiv
Zu Problemen der Entwicklungstendenzen der sozialistischen Produktionsverhältnisse in der DDR

Heft 25
E.-M. Langen/R. Schaefer/J. Wahse
Der Einfluß von Mechanisierung und Automatisierung auf die Qualifikation der Werktätigen

Heft 26
A. Braun
Komplexe Effektivitätsbeurteilung der Volkswirtschaft bei Intensivierung — Ein Beitrag zur Diskussion —

Heft 27
Autorenkollektiv
Karl Marx über das Wechselverhältnis von materiell-technischer Basis, wissenschaftlich-technischem Fortschritt und Entwicklung der Persönlichkeit

Heft 28
Autorenkollektiv
Rohstoff und Energie im gesellschaftlichen Reproduktionsprozeß und ihr Wechselverhältnis zur materiell-technischen Basis

Heft 29
G. Knobloch/H. Roos
Zu den sozialökonomischen Entwicklungskriterien der materiell-technischen Basis im Sozialismus

Heft 30
Autorenkollektiv
60 Jahre politische Ökonomie des Sozialismus

Heft 31
E.-M. Langen
Technisierungsgrad der Arbeit und Qualifikation der Produktionsarbeiter

Heft 32

M. Mehnert/Ch. Pietzsch

Intensivierungsfaktor Materialökonomie

Heft 33

D. Graf

Ökonomische Bewertungen der Naturressourcen im entwickelten Sozialismus
— Ein Beitrag zu methodologischen Grundlagen

Heft 34

W. Telle

Modelle der Plankoordinierung verschiedener Ebenen und Einheiten der sozialistischen Planwirtschaft

Heft 35

M. Heydt / R. Hill / U. Ludwig

Komplexe Effektivitätsbewertung durch Aufwand-Nutzen-Analyse

Heft 36

R. Bechmann

Zu Problemen der Wechselbeziehungen zwischen den sozialistischen Produktionsverhältnissen und anderen gesellschaftlichen Verhältnissen aus territorialer Sicht

Heft 37

E. Gans / S. Liebe

Zu Proportionen des Zeitaufwandes der sozialistischen Gesellschaft im Gesamtprozeß ihrer Reproduktion in der DDR

Heft 38

R. Schaefer / C. Schmidt / J. Wahse

Disponibilität — Mobilität — Fluktuation

Heft 39

V. E. Chodžabekjan

Bevölkerungswachstum und Arbeitskräfteressourcen in der Armenischen SSR

In Vorbereitung befindet sich:

E. Kigyóssy-Schmidt/R. Schwarz

Nichtmaterielle Leistungen in Wechselbeziehung mit der materiellen Produktion

FSC
www.fsc.org
MIX
Papier | Fördert
gute Waldnutzung
FSC® C083411

Kolibri 360 GmbH
Ferdinand-Jühlke-Straße 7
99095 Erfurt, Deutschland
produktsicherheit@kolibri360.de